망고TOON
클릭으로 만드는 웹툰&애니메이션

초판 발행일 | 2024년 7월 25일
지은이 | 창의콘텐츠연구소, 신현미
발행인 | 최용섭
책임편집 | 이준우

㈜해람북스 주소 | 서울시 용산구 한남대로 11길 12, 6층
문의전화 | 02-6337-5419
팩스 | 02-6337-5429
홈페이지 | https://class.edupartner.co.kr

발행처 | (주)미래엔에듀파트너
출판등록번호 | 제2020-000101호

ISBN 979-11-6571-200-6 (13000)

이 책은 저작권법에 따라 보호받는 저작물이므로 무단전재와 무단복제를 금지하며,
이 책 내용의 전부 또는 일부를 이용하려면 반드시 저작권자와 (주)미래엔에듀파트너의 서면동의를 받아야 합니다.

※ 잘못된 책은 바꾸어 드립니다.
※ 책 가격은 뒷면에 있습니다.

이 책의 구성

PART 01 망고툰 기초 다지기

PART 02 망고툰의 활약!!

PART 03 망고툰 애니메이션 만들기

❶ **키워드** : 작품과 관련된 키워드로 작품을 만들 때 필요한 기능이나 주제를 확인할 수 있습니다.

❷ **완성 파일** : 완성 작품을 확인할 수 있습니다. 그리고 완성한 작품에 적합한 파일 형식을 살펴볼 수 있습니다.
- jpg : 일반적인 이미지로 저장할 때 사용합니다.
- png : 배경이 투명한 이미지로 저장할 때 사용합니다.
- gif : 배경음악이나 소리가 없고 짧은 애니메이션으로 저장할 때 사용합니다.
- mp4 : 배경음악이나 소리가 있으며, 비교적 긴 애니메이션으로 저장할 때 사용합니다.

❸ **오늘의 학습목표** : 이번 시간 학습을 통해 무엇을 배우는지 알아볼 수 있습니다.

❹ **미리보기** : 이번 시간에 어떤 작품을 만드는지 미리 볼 수 있습니다.

❺ **핵심 POINT** : 작품을 만들 때 사용한 기능을 알아볼 수 있습니다.

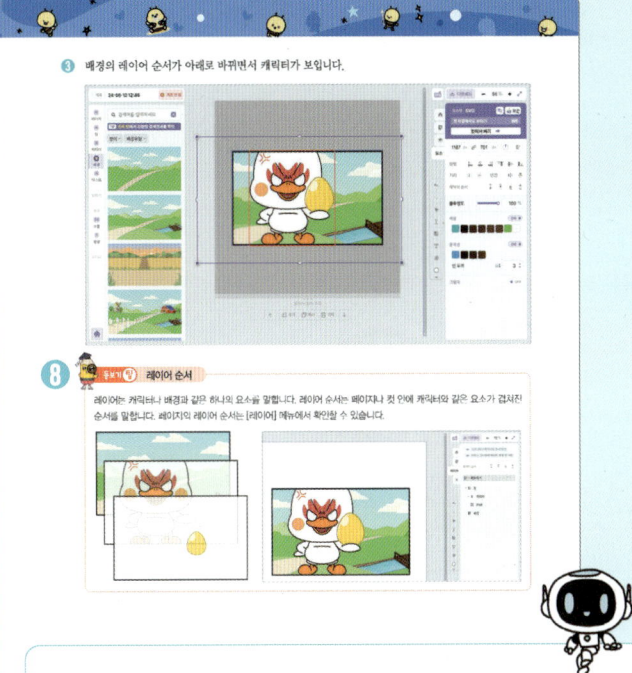

❻ **소제목** : 작품을 만들기 위해 어떤 기능과 작업을 하게 되는지 설명하고 있습니다.

❼ **주요 팁** : 학습하면서 알아두면 유용한 내용과 추가 설명을 필요로 하는 부분을 나타냅니다.

❽ **돋보기 팁** : 작업을 위해 더 자세한 설명이 필요한 부분을 정리하여 내용을 파악할 수 있습니다.

❽ **재미 팡팡! 레벨 UP** : 학습한 내용을 바탕으로 재미있는 작품을 스스로 생각해 만들어 볼 수 있습니다.

❾ **완성 파일** : 작품을 완성한 후 어떤 파일로 저장하는지 완성 파일의 확장자로 확인할 수 있습니다.

❿ **검색 키워드** : 작품에 사용한 배경이나 캐릭터와 같은 요소를 쉽게 찾을 수 있는 검색어 키워드입니다.

이 책의 목차

PART 01 망고툰 기초 다지기

01 똑같이 나누는 거야! **012**

02 그럼 키워보든가? **020**

03 엄마는 생각이 달라! **028**

04 내 방망이 어디 갔어??? **036**

05 여긴 어디? 나는 누구? **044**

06 가져갈 수 있을까? **052**

07 잘 봐봐. 표정이 다르지!? **062**

08 역사 속으로.... .... **070**

PART 02 망고툰의 활약!!

09 톡 대화는 힘들어~ 078

10 옛날 옛적에! 개와 고양이 086

11 전래동화! 흥부와 놀부 094

12 쌍둥이 아닌데... 100

13 나눌 수 없는 것~! 106

14 조선부터 핫했던 닉네임 112

15 해피 할로윈 122

16 나의 꿈은!!! 130

PART 03 망고툰 애니메이션 만들기

17 제발, 그만 따라와!! ················ 138

18 난 특별하게 사라지지! ················ 148

19 재미있는 서핑 체험! ················ 156

20 황금알은 오리껀데?! ················ 164

21 슬기로운 학교 생활 ················ 174

22 어휴~ 깜짝 놀랐네... ················ 182

23 손오공의 분신술!!! ················ 192

24 나의 마음을 말할게... ················ 202

망고툰 회원 가입하기

① 망고툰을 사용하려면 회원으로 가입되어 있어야 합니다. 망고툰 홈페이지(https://toon.mangoboard.net/)에 접속한 후 [회원가입]을 클릭합니다.

② 약관동의에서 필수 항목을 선택한 후 [정보입력]을 클릭해 이메일과 비밀번호 등의 정보를 입력합니다.

업로드 팁 SNS로 회원 가입하기

구글이나 네이버, 카카오톡에 가입되어 있다면 [SNS 계정 간편 회원가입]을 클릭한 다음 해당 계정의 아이디와 비밀번호를 입력해 가입할 수 있습니다.

③ 마지막으로 이메일 인증을 하여 완료합니다.

망고툰 시작하기

① 망고툰 홈페이지(https://toon.mangoboard.net/)에 접속해 [로그인]을 클릭한 다음 아이디와 비밀번호를 입력합니다.

② 웹 페이지에서 [망고툰(웹툰·애니)를 클릭한 후 가운데 [시작하기]를 클릭합니다.

업로드 팁

망고툰에는 사진을 제작하고 편집하는 망고보드와 웹툰을 제작할 수 있는 망고툰이 있습니다. 로그인을 하고 나면 [망고보드]로 웹페이지가 이동되기 때문에 로그인한 후 [망고툰]을 클릭합니다.

③ 망고툰이 실행되면서 웹툰을 만들 수 있는 화면으로 이동합니다.

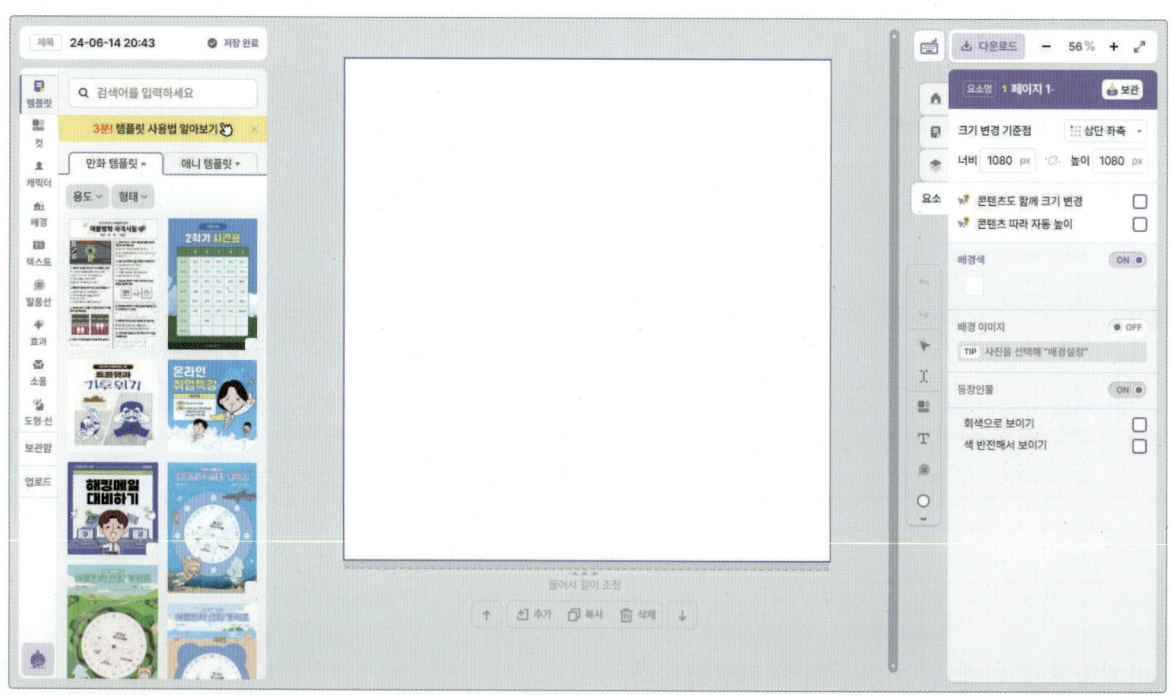

망고툰 기본 화면 설명

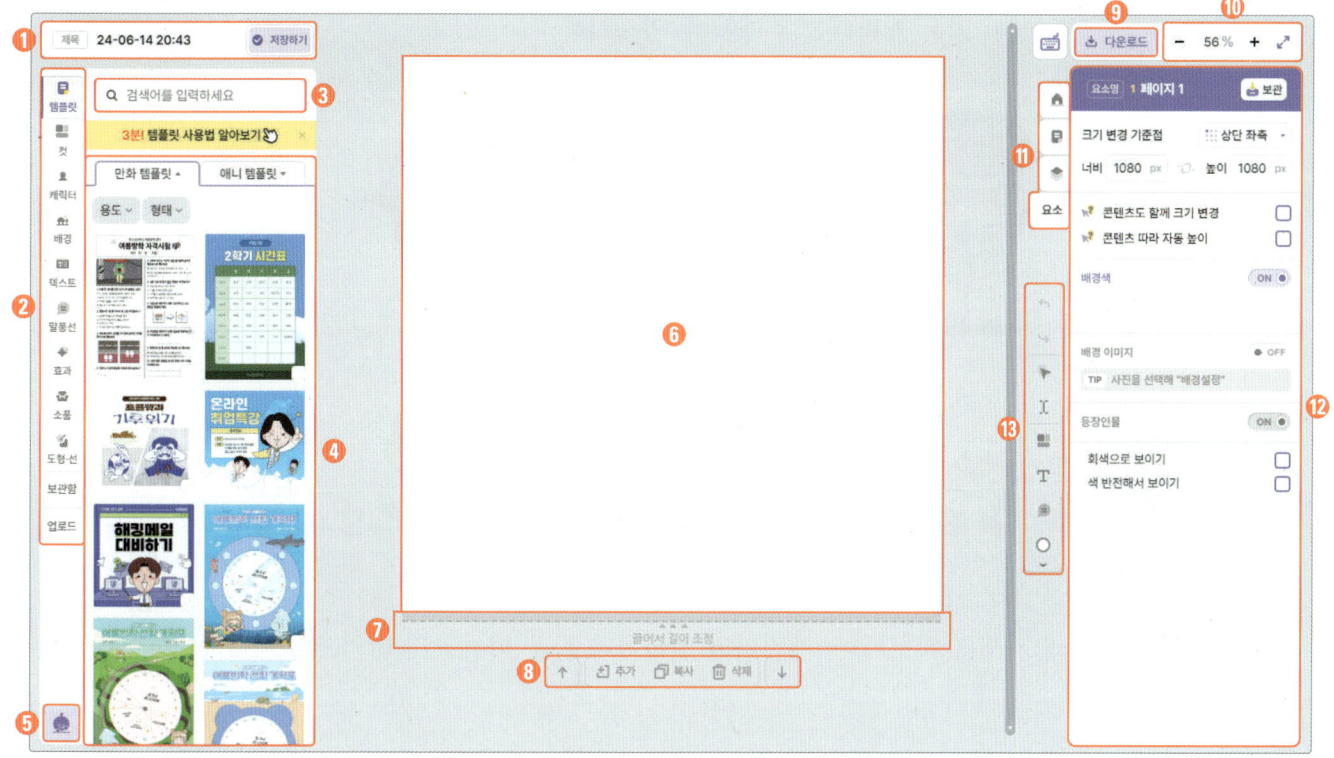

▶ 좌측 도구 창

❶ 파일 이름을 입력하고 [저장하기] 버튼을 클릭해 저장할 수 있습니다.
❷ 캐릭터, 컷, 배경 등 작업 페이지에 삽입할 항목을 선택할 수 있습니다.
❸ 검색어를 입력해 검색어를 포함하는 요소를 검색할 수 있습니다.
❹ 항목에 해당하는 요소가 표시되며, 요소를 클릭하면 작업 페이지에 삽입할 수 있습니다.
❺ 애니메이션 에디터를 실행할 수 있습니다.

▶ 작업 페이지

❻ 요소를 삽입해 디자인 작업을 진행하는 페이지입니다.
❼ 드래그해 페이지의 길이를 바꿀 수 있습니다.
❽ 페이지의 순서를 바꾸거나 페이지를 추가, 복사, 삭제할 수 있습니다.

▶ 우측 도구 창

❾ 완성된 작품을 다운로드할 수 있습니다.
❿ 값을 직접 입력해 화면 비율을 바꾸거나 +, - 버튼을 클릭하여 확대/축소할 수 있습니다.
⓫ 파일 탭, 페이지 탭, 레이어 탭, 요소 탭 등으로 구성되어 있으며 페이지와 레이어, 요소의 속성을 바꿀 수 있습니다.
⓬ 선택한 도구 창에 따라 바꿀 수 있는 속성이 표시됩니다.
⓭ [세로 메뉴 버튼]으로 작업 취소, 요소 선택, 맞춤 말풍선 추가, 도형 추가 등을 할 수 있습니다.

망고툰으로 이런 것을 할 수 있어요!!

❶ 다양한 주제로 구성된 많은 캐릭터를 추가할 수 있습니다.

❷ 캐릭터의 표정과 자세를 바꾸거나, 캐릭터의 얼굴이나 몸을 다른 캐릭터의 얼굴이나 몸으로 바꿀 수 있습니다.

❸ 다양한 애니메이션을 연출할 수 있습니다.

CHAPTER 01 똑같이 나누는 거야!

#배경　#캐릭터　#저장　#다운로드　#표정　#자세

▶ 완성 파일 : 01강 완성.jpg

오늘의 학습목표

- 배경을 불러와 페이지 배경으로 추가할 수 있습니다.
- 캐릭터를 삽입할 수 있습니다.
- 캐릭터의 표정과 자세를 바꿀 수 있습니다.

핵심 POINT

▶ 페이지 배경 삽입 : [배경] 메뉴 → 원하는 배경 클릭 → [페이지 배경으로 사용] 클릭

▶ 캐릭터 삽입 : [캐릭터] 메뉴 → 원하는 캐릭터 클릭 → 위치 지정

▶ 캐릭터 표정과 자세 바꾸기 : 캐릭터 선택 → [표정과 자세 변경] → 원하는 표정과 자세 선택 후 [확인] 클릭

01 페이지 배경 삽입하기

웹툰의 페이지 배경으로 사용할 이미지를 추가해 봅니다.

① 망고툰(https://toon.mangoboard.net)에 접속해 [로그인]한 후 [시작하기]를 클릭합니다.

② 페이지의 배경을 만들기 위해 [배경] 메뉴를 클릭한 다음 '목장'으로 검색합니다. 검색된 이미지 중 원하는 이미지를 클릭해 추가한 후 [페이지 배경으로 사용]을 클릭합니다.

검색어를 입력해 해당하는 키워드와 관련된 배경을 빠르게 찾을 수 있어요.

③ 선택한 배경이 페이지의 배경으로 자연스럽게 삽입됩니다. 페이지 배경을 삽입했으면 [지우기(✖)]를 클릭해서 검색어를 지웁니다.

검색어를 지우지 않으면 이전 검색어가 화면에 남아있어 다른 메뉴를 클릭해도 관련된 요소만 표시돼요.

Chapter 01. 똑같이 나누는 거야! **013**

02 캐릭터 삽입하고 표정과 자세 바꾸기

캐릭터를 삽입하고 표정과 자세를 바꿔봅니다.

1. 캐릭터를 삽입하기 위해 [캐릭터] 메뉴를 클릭합니다. [성별]을 선택한 다음 [동물]을 클릭합니다.

2. 원하는 캐릭터를 클릭해 삽입한 다음 캐릭터 위쪽에 있는 [표정과 자세 변경]을 클릭합니다.

직종, 연령, 성별을 클릭해 원하는 캐릭터를 빠르게 찾을 수 있어요.

3. 먼저 표정을 바꾸기 위해 위쪽에 표시된 감정 중 원하는 감정을 클릭해 선택합니다.

캐릭터의 표정을 클릭하면 더 많은 표정이 표시되며, 캐릭터마다 선택할 수 있는 표정의 개수는 달라져요.

④ 원하는 자세로 바꾸기 위해 아래쪽에 있는 다양한 자세 중 하나를 선택한 다음 [확인]을 클릭합니다.

원하는 표정과 자세를 클릭하면 화면의 오른쪽에 바뀐 표정과 자세를 미리 볼 수 있어요.

⑤ 원하는 캐릭터로 모양이 바뀌면 드래그해 위치를 정해 놓습니다.

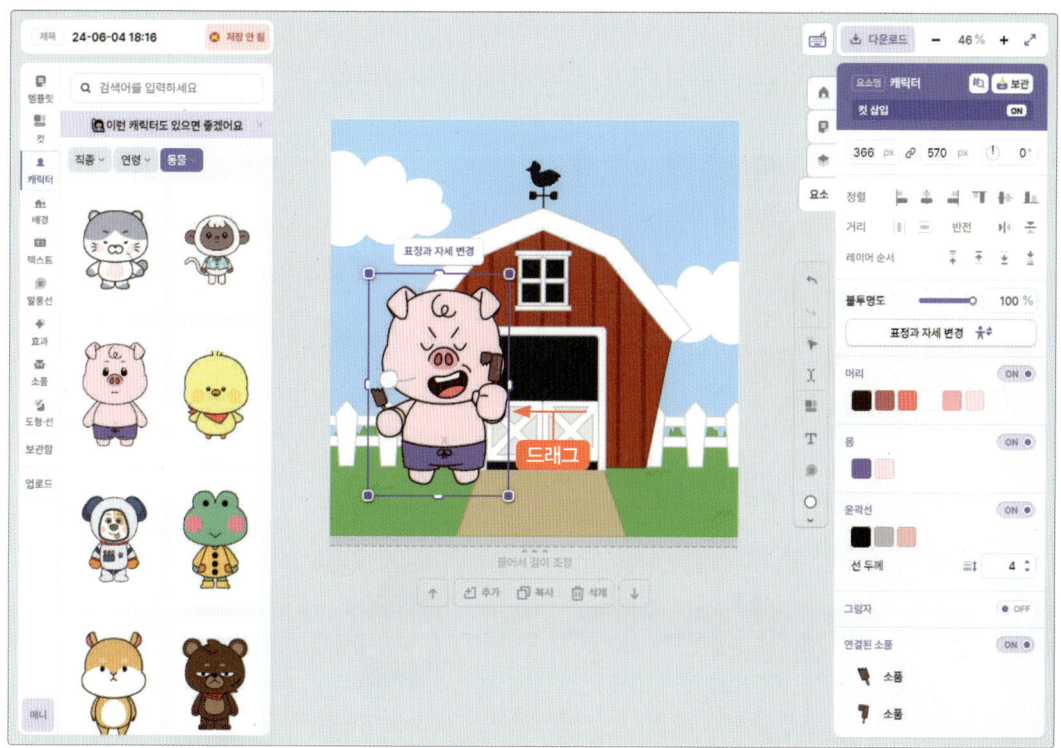

값을 입력해 캐릭터의 위치를 정해서 놓을 수 있어요.

Chapter 01. 똑같이 나누는 거야! **015**

03 다른 캐릭터의 머리와 몸으로 변경하기

캐릭터의 머리나 몸을 다른 캐릭터의 머리나 몸으로 바꿔봅니다.

❶ [캐릭터] 메뉴에서 삽입할 캐릭터를 선택한 후 [표정과 자세 변경]을 클릭합니다.

❷ 원하는 표정을 선택한 다음 [다른 캐릭터 몸으로 변경]을 클릭합니다.

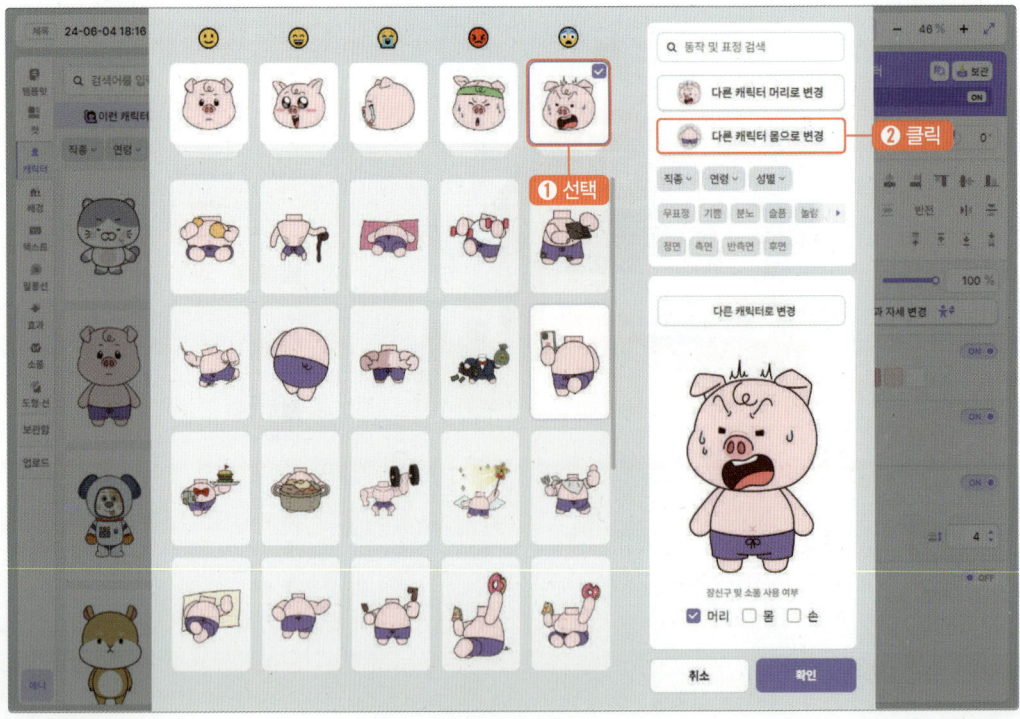

❸ 다른 캐릭터의 몸이 나타나면 원하는 자세를 선택하고 [확인]을 클릭합니다.

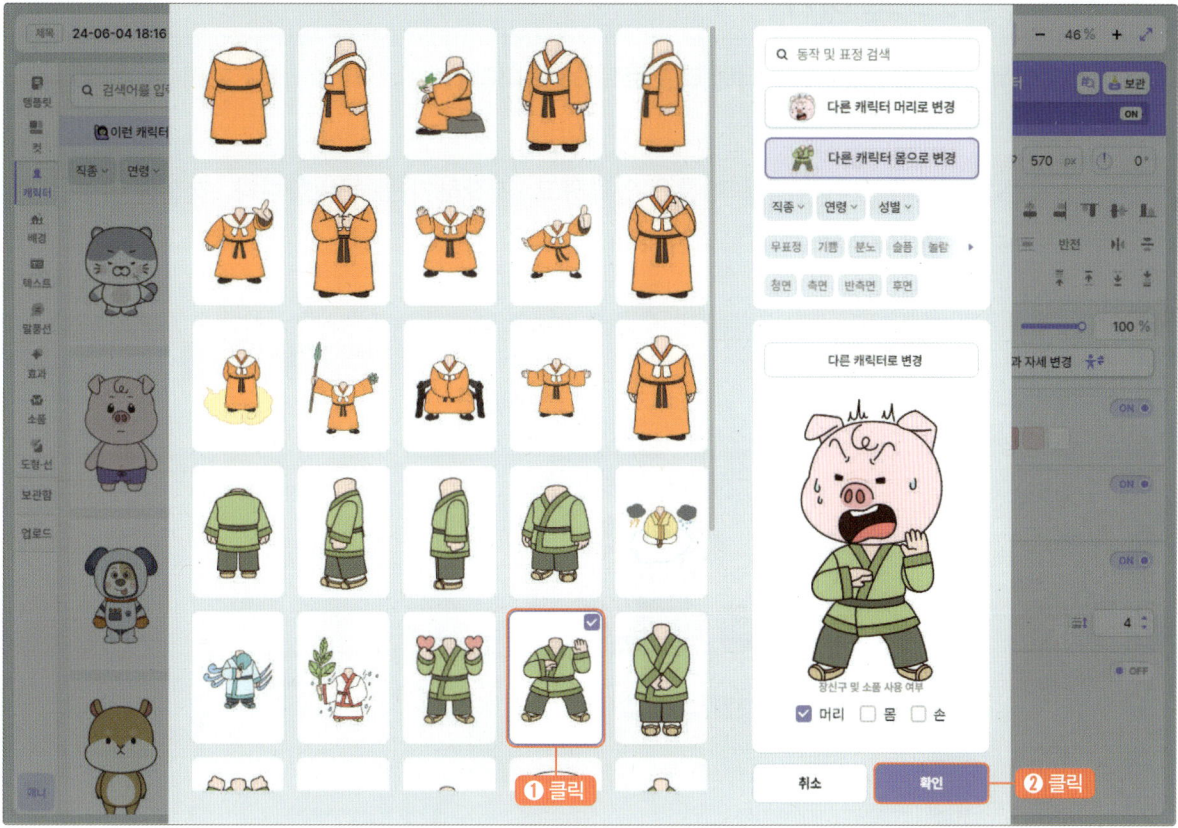

❹ 완성된 캐릭터를 드래그해 위치를 정해 놓습니다.

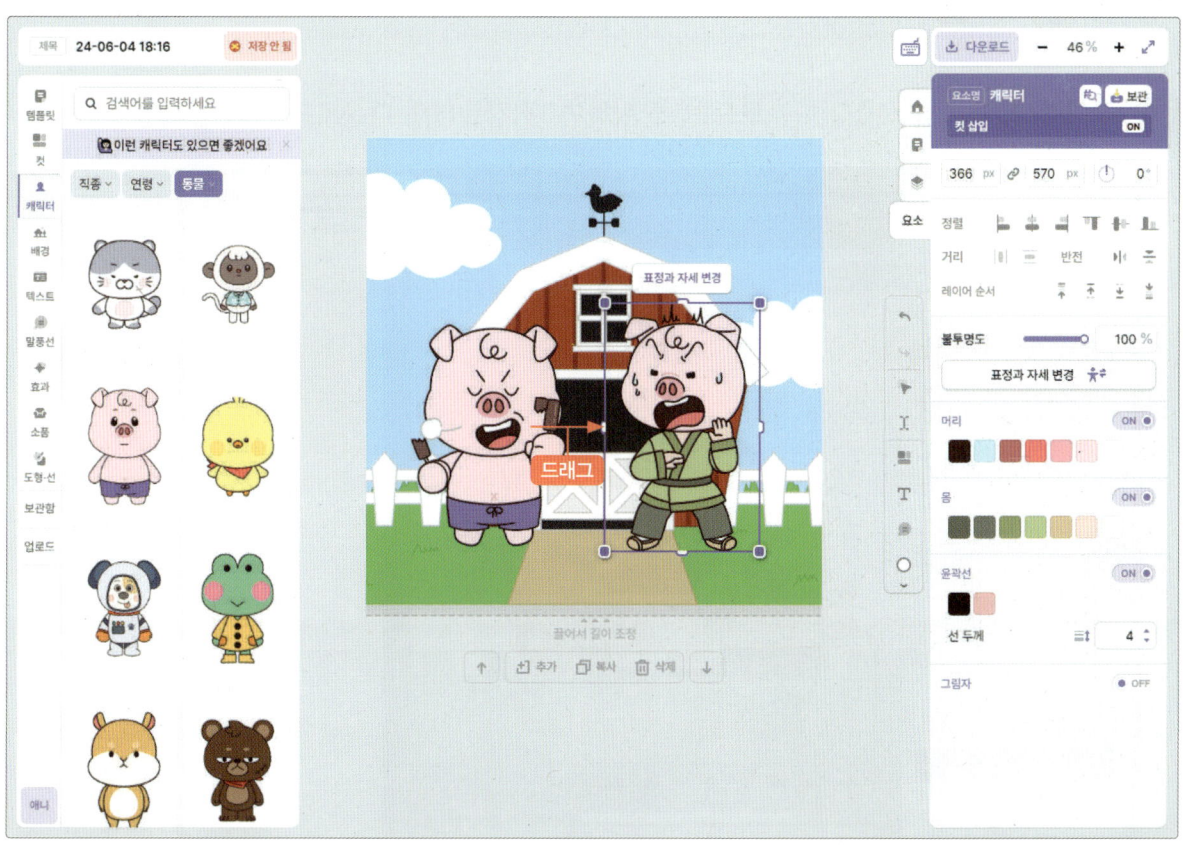

Chapter 01. 똑같이 나누는 거야! **017**

04 저장과 다운로드 하기

완성한 작품을 저장하고 컴퓨터에 다운로드 해 봅니다.

① 완성한 작품을 저장하기 위해 작품 이름을 입력하고 [저장하기]를 클릭합니다. 저장한 작품을 컴퓨터로 다운로드하기 위해 [다운로드]를 클릭합니다.

② 확장자를 선택한 다음 [1장 다운로드]를 클릭하면 내 컴퓨터의 다운로드 폴더에 파일이 저장됩니다.

CHAPTER 01 재미 팡팡! 레벨 UP

▶ **완성 파일** : 01강 레벨업 완성-1.jpg, 01강 레벨업 완성-2.jpg

● 다음과 같이 페이지 배경과 캐릭터를 삽입한 다음 표정과 자세를 바꿔 꾸며 보세요.

❗ 검색 키워드 : (배경)정글, (캐릭터)정글

❗ 검색 키워드 : (배경)농구, (캐릭터)운동

CHAPTER 02 그럼 키워보든가?

#텍스트 #캐릭터 #색상 #말풍선 #폰트

오늘의 학습목표

▶ 완성 파일 : 02강 완성.jpg

- 캐릭터를 추가하고 모양을 바꿀 수 있습니다.
- 말풍선을 추가하고 그룹을 해제할 수 있습니다.
- 텍스트를 추가하고 꾸밀 수 있습니다.

핵심 POINT

▶ 말풍선 추가 : [말풍선] 메뉴 → 원하는 대사유형 클릭
▶ 말풍선 그룹 해제 : [말풍선] 선택 후 [그룹 해제] 클릭
▶ 폰트와 색상 바꾸기 : 텍스트 선택 → [요소] 메뉴 → 폰트, 텍스트 색상 변경

01 페이지 배경과 캐릭터 추가하기

웹툰의 페이지 배경으로 사용할 이미지와 캐릭터를 추가해 봅니다.

① 망고툰(https://toon.mangoboard.net)에 접속해 [로그인]한 후 [시작하기]를 클릭합니다.

② 페이지의 배경을 만들기 위해 [배경] 메뉴를 클릭한 다음 '집중'으로 검색합니다. 검색된 이미지 중 원하는 이미지를 클릭해 추가한 후 [페이지 배경으로 사용]을 클릭합니다.

③ [지우기(✕)]를 클릭해 검색한 키워드를 지운 후 [캐릭터] 메뉴에서 '고양이'를 입력해 검색합니다.

④ 검색된 캐릭터에서 원하는 캐릭터를 선택해 추가한 다음 [표정과 자세 변경]을 클릭합니다.

❺ 표정과 자세를 선택할 수 있는 창이 열리면 원하는 모양으로 선택한 후 [확인]을 클릭합니다.

❻ 표정과 자세가 바뀌면 캐릭터 모서리의 조절점을 드래그해 크기를 크게 바꾸고 위치를 정해 놓습니다.

02 말풍선 추가하기

캐릭터의 생각이나 대사를 표현하는 말풍선을 추가해 봅니다.

1. [지우기(❌)]를 클릭해 검색한 키워드를 지운 후 [말풍선] 메뉴에서 '소리'를 입력해 검색합니다. 검색된 말풍선에서 원하는 모양을 클릭해 삽입합니다.

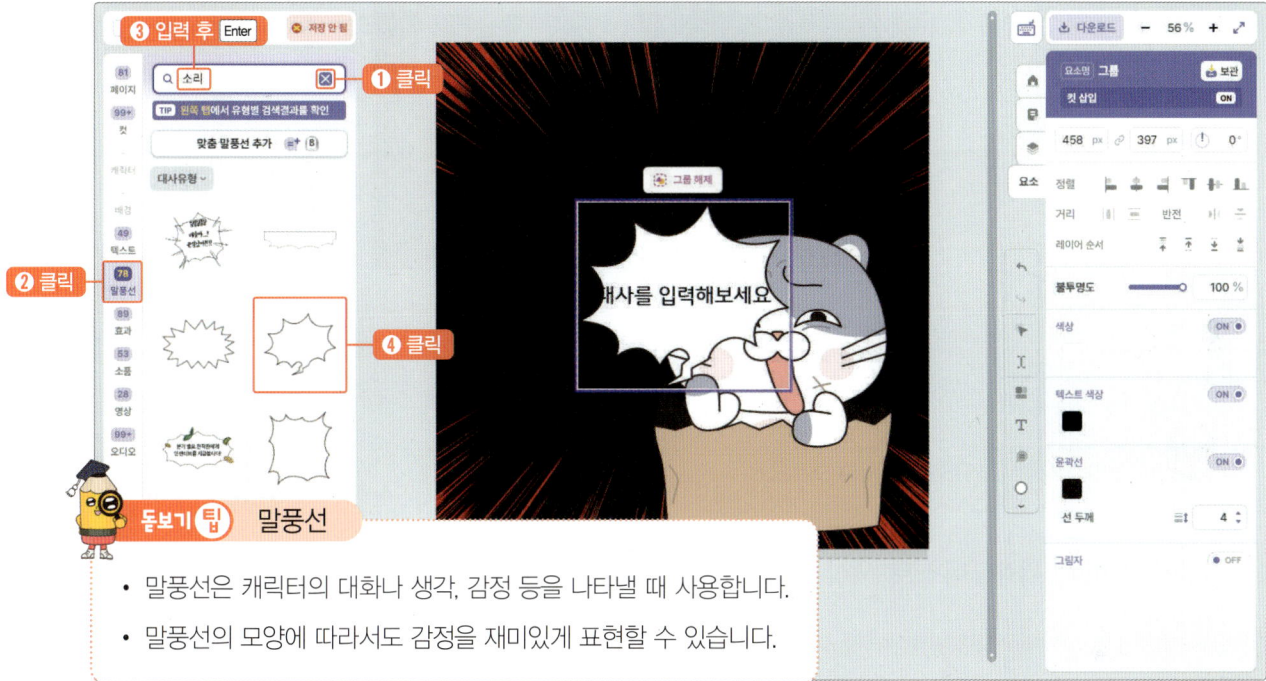

돋보기 팁 말풍선

- 말풍선은 캐릭터의 대화나 생각, 감정 등을 나타낼 때 사용합니다.
- 말풍선의 모양에 따라서도 감정을 재미있게 표현할 수 있습니다.

2. 말풍선을 드래그해 위치를 바꾼 다음 [그룹 해제]를 클릭합니다.

돋보기 팁 말풍선 그룹 해제

- 말풍선은 배경이 되는 그림과 텍스트로 구성되어 있습니다.
- 말풍선을 그룹 해제하면 말풍선과 텍스트의 크기를 다르게 만들 수 있습니다.

❸ "대사를 입력해보세요"를 더블 클릭해 "자신있음 키워보든가 ㅋㅋ!"를 입력합니다.

자신만의 재미있는 대화를 입력해 보세요.

❹ 대사를 꾸미기 위해 [텍스트 색상]을 클릭하여 [색상] 창이 나타나면 원하는 텍스트 색상을 선택합니다.

텍스트의 색을 변경하기 위해 색상 값(#FF0000)을 직접 입력해도 돼요.

❺ 대사의 글꼴은 [폰트]를 클릭한 후 원하는 폰트를 선택합니다.

대화에 어울리는 폰트를 선택하세요. 예제에서는 폰트로 '파셜산스'를 선택했어요.

❻ 폰트 선택이 끝나도 폰트 선택 화면이 그대로 남아 있기 때문에 ← 뒤로 (Esc) 를 클릭하거나 Esc 를 눌러 폰트 선택 화면을 나옵니다.

❼ 대사가 잘 보이도록 윤곽선 효과를 지정하기 위해 [텍스트 윤곽선]을 [ON]으로 바꾼 후 [색상]을 클릭해 테두리 색을 정합니다.

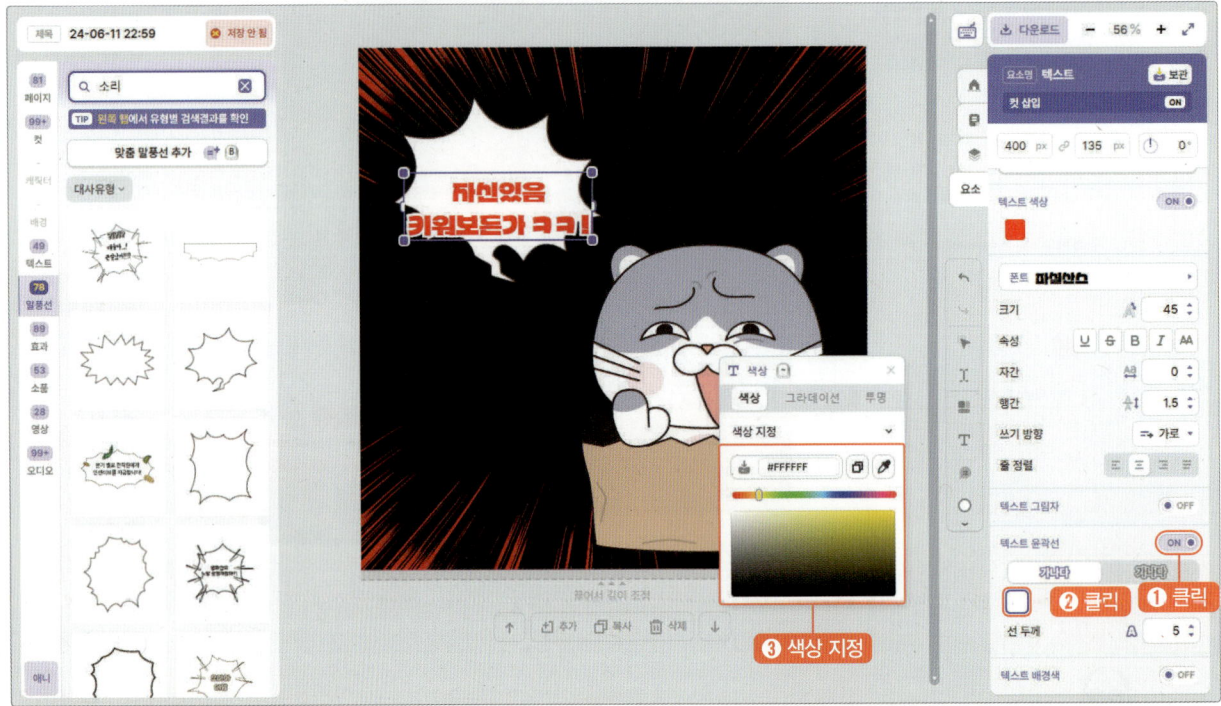

대사가 잘 보일 수 있는 테두리 색상을 정하세요. 예제에서는 흰색(#FFFFFF)으로 했어요.

❽ 마지막으로 텍스트를 드래그해 크기를 키우고 위치를 정해 완성합니다.

CHAPTER 02 재미 팡팡! 레벨 UP

▶ 완성 파일 : 02강 레벨업 완성-1.jpg, 02강 레벨업 완성-2.jpg

● 다음과 같이 페이지 배경과 캐릭터, 말풍선을 추가해 장면을 만들어 보세요.

❗ 검색 키워드 : (배경)바다, (캐릭터)조선,
　　　　　　 (말풍선)외침, (폰트)HS봄바람

❗ 검색 키워드 : (배경)조선시대,
　　　　　　 (캐릭터)단군, 호랑이, 곰,
　　　　　　 (말풍선)소리, (폰트)123RF

Chapter 02. 그럼 키워보든가? **027**

CHAPTER 03 엄마는 생각이 달라!

#템플릿 #페이지 #캐릭터 #표정 #자세 #표정과 자세 변경

▶ 완성 파일 : 03강 완성.jpg

오늘의 학습목표

- 템플릿을 검색하고 삽입할 수 있습니다.
- 텍스트와 캐릭터의 모양을 바꿀 수 있습니다.
- 작업한 파일을 저장하고 저장한 파일을 복사, 수정할 수 있습니다.

핵심 POINT

▶ 템플릿 삽입 : [템플릿] 메뉴 → 원하는 템플릿 클릭
▶ 텍스트 변경 : 텍스트를 더블 클릭해 전체 선택 → 내용 입력
▶ 내 작업 확인 : [파일] 메뉴 → 나의 작업
▶ 복사본 만들기 : [파일] 메뉴 → 복사본 만들기

01 템플릿 추가하고 내용 바꾸기

작업 페이지에 배경과 캐릭터, 말풍선 등이 만들어져 있는 템플릿을 추가해 봅니다.

① 망고툰(https://toon.mangoboard.net)에 접속해 [로그인]한 후 [시작하기]를 클릭합니다.

② 만들어진 페이지를 사용하기 위해 [템플릿] 메뉴를 선택한 다음 '어린이'를 입력해 검색합니다. 검색된 템플릿 중 원하는 템플릿을 선택해 삽입합니다.

돋보기 팁 템플릿
- 템플릿은 배경과 캐릭터, 텍스트, 말풍선 등이 미리 만들어진 페이지를 말합니다.
- 템플릿을 이용하면 캐릭터나 텍스트만 바꿔서 새로운 페이지를 빠르게 만들 수 있습니다.

③ 원하는 내용으로 바꾸기 위해 작업 페이지에서 '5월 5일'을 더블 클릭한 후 '즐거운'을 입력해 바꿉니다.

Chapter 03. 엄마는 생각이 달라! **029**

❹ '어린이날'을 더블 클릭해 '여름방학'으로 바꿉니다.

❺ "뭐하고 놀까!?"를 더블 클릭해 "어떻게 보낼까!?"를 입력합니다.

02 캐릭터의 모양 바꾸기

캐릭터를 선택해 표정과 자세를 바꿔봅니다.

① 첫 번째 어린이 캐릭터의 모양을 바꾸기 위해 캐릭터를 선택한 다음 [표정과 자세 변경]을 클릭합니다.

② 캐릭터의 표정과 몸을 원하는 모양으로 선택한 다음 [확인]을 클릭합니다.

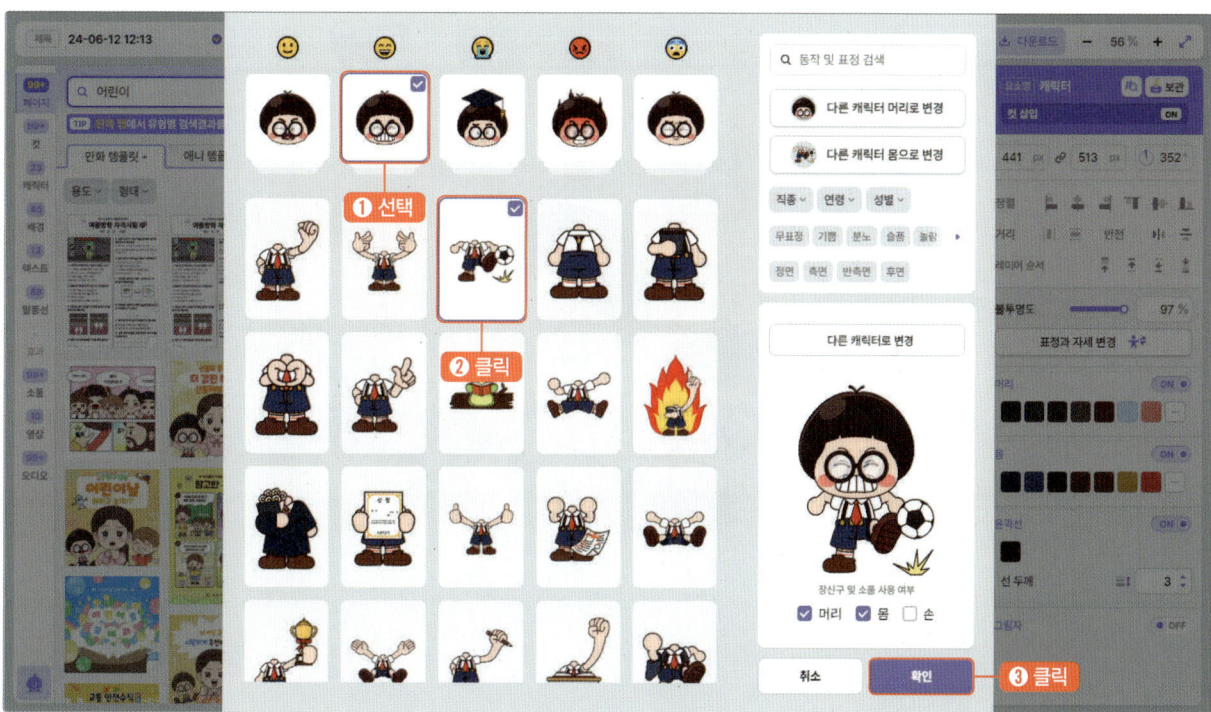

Chapter 03. 엄마는 생각이 달라! **031**

❸ 중간에 있는 캐릭터를 선택한 다음 [표정과 자세 변경]을 클릭합니다.

❹ 캐릭터의 표정과 몸을 원하는 모양으로 선택한 다음 [확인]을 클릭합니다.

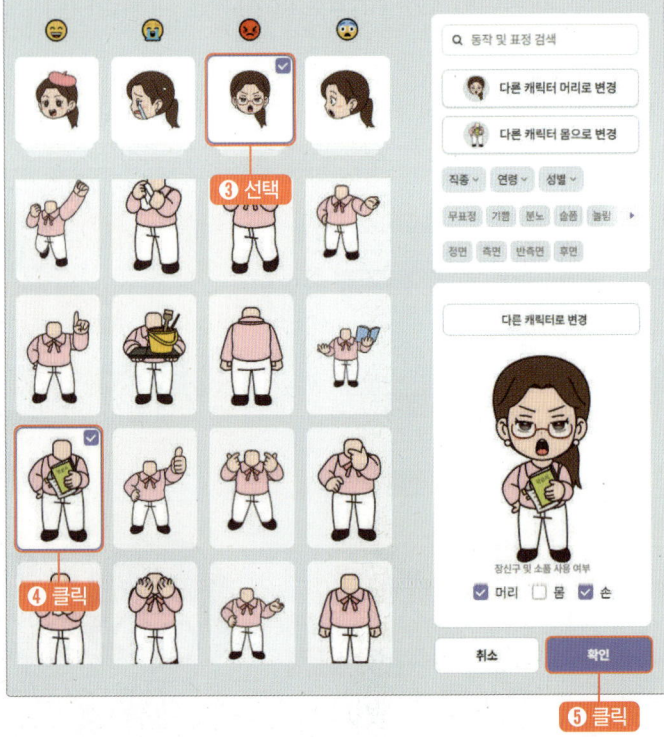

❺ 마지막 캐릭터의 모양을 바꾸기 [표정과 자세 변경]을 클릭하고 캐릭터의 표정과 몸을 원하는 모양으로 선택한 다음 [확인]을 클릭합니다.

❻ 제목과 캐릭터 모양을 바꾸어 새로운 템플릿이 완성되었습니다.

03 망고툰 파일 저장과 내 템플릿 확인하기

작업한 파일을 저장하고 저장한 파일을 확인합니다.

① 작업한 파일을 저장하기 위해 파일 이름을 입력한 다음 [저장하기]를 클릭합니다.

② 파일이 저장되면 [파일] 메뉴의 [나의 작업]을 클릭합니다.

Chapter 03. 엄마는 생각이 달라! **033**

❸ 지금까지 작업해 저장한 내 템플릿이 표시됩니다. 만약 저장된 템플릿을 수정하려면 [편집하기]를 클릭합니다.

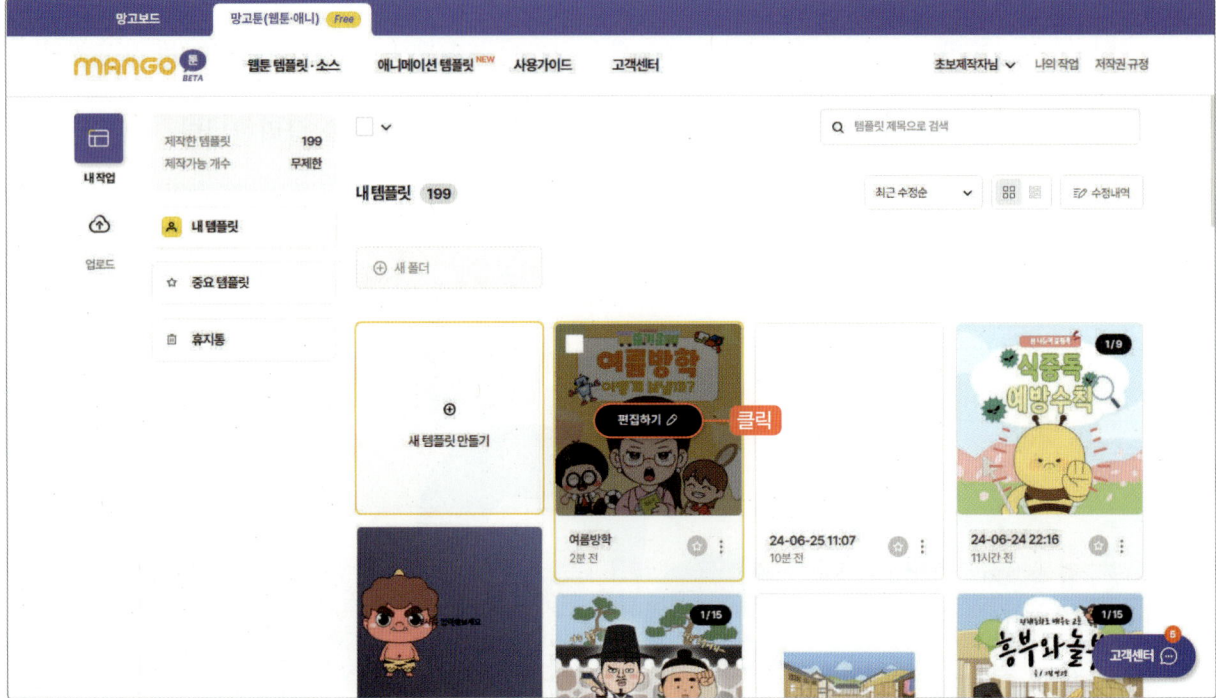

❹ 작업을 마친 원본을 그대로 둔 상태에서 똑같은 템플릿을 새로 만들어 수정하고 싶다면 [파일] 메뉴에서 [복사본 만들기]를 클릭합니다. 이렇게 하면 새로운 창이 열리면서 모든 요소가 복사되고 파일 이름도 [복사본]이라고 표시됩니다.

CHAPTER 03 재미 팡팡! 레벨 UP

▶ 완성 파일 : 03강 레벨업 완성-1.jpg, 03강 레벨업 완성-2.jpg

● 페이지에 템플릿을 추가한 다음 캐릭터의 표정과 자세, 텍스트를 바꿔 꾸며 보세요.

❗ 검색 키워드 : (템플릿)반짝반짝, 마법, 불빛

❗ 검색 키워드 : (템플릿)분홍, 공주

Chapter 03. 엄마는 생각이 달라!

CHAPTER 04
내 방망이 어디 갔어???

#소품 #캐릭터 #말풍선 #회전

오늘의 학습목표

▶ 완성 파일 : 04강 완성.jpg

- 캐릭터를 추가하고 모양을 바꿀 수 있습니다.
- 소품을 추가할 수 있습니다.
- 캐릭터의 소품을 다른 소품으로 바꿀 수 있습니다.

핵심 POINT

- ▶ 소품 추가 : [소품] 메뉴 → 원하는 소품 클릭
- ▶ 소품 사용 확인 : [표정 및 자세 바꾸기] → [장신구 및 소품 사용 여부] 확인
- ▶ 소품 바꾸기 : [요소] 메뉴 → [캐릭터 연동]의 [OFF]를 [ON]으로 바꾸기

01 페이지 배경과 캐릭터 추가하기

페이지의 배경으로 사용할 이미지와 소품을 들고 있는 캐릭터를 추가해 봅니다.

① 망고툰(https://toon.mangoboard.net)에 접속해 [로그인]한 후 [시작하기]를 클릭합니다.

② 페이지의 배경을 만들기 위해 [배경] 메뉴를 클릭한 다음 '밤하늘'로 검색합니다. 검색된 이미지 중 원하는 이미지를 클릭해 추가한 후 [페이지 배경으로 사용]을 클릭합니다.

③ 선택한 배경 이미지가 작업할 페이지 전체를 채우며 변경됩니다.

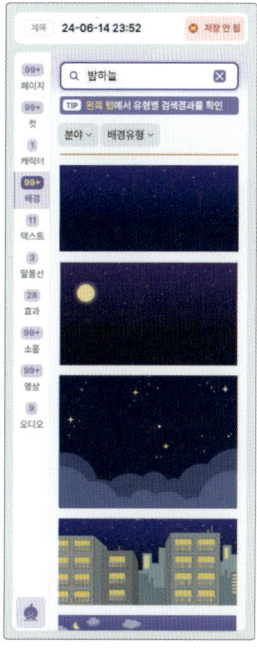
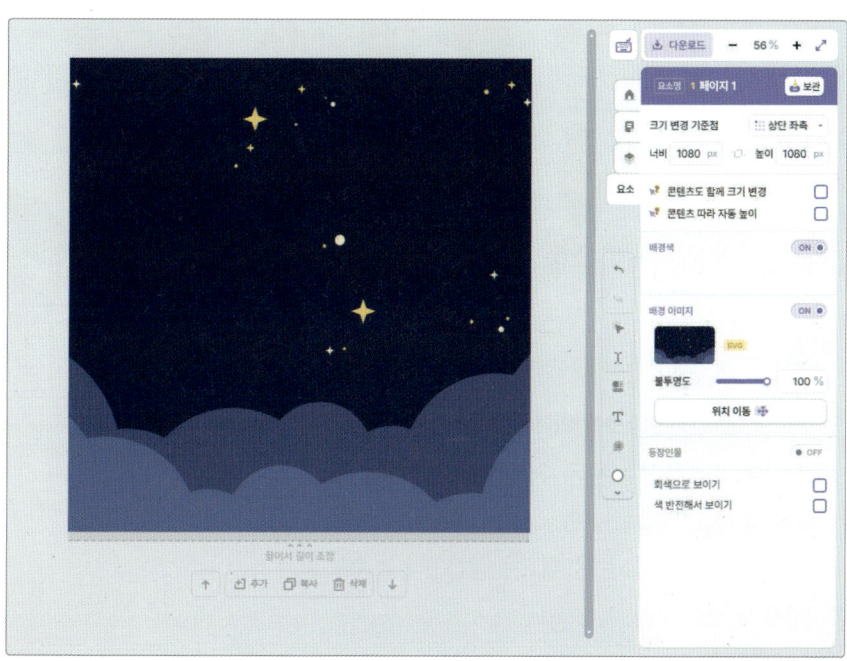

Chapter 04. 내 방망이 어디 갔어??? **037**

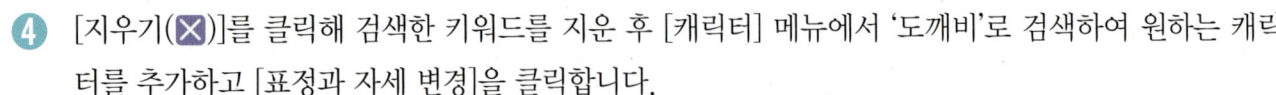

❹ [지우기(✕)]를 클릭해 검색한 키워드를 지운 후 [캐릭터] 메뉴에서 '도깨비'로 검색하여 원하는 캐릭터를 추가하고 [표정과 자세 변경]을 클릭합니다.

❺ 먼저 캐릭터의 표정을 바꾸고 [장신구 및 소품 사용 여부]를 확인하며 소품이 사용된 자세를 선택해 바꾼 다음 [확인]을 클릭합니다.

돋보기 팁 — 장신구 및 소품 사용 여부

- 캐릭터에 장신구나 소품의 사용 여부가 표시됩니다.
- 장신구나 소품이 사용된 위치를 클릭해 장신구나 소품을 숨길 수 있습니다.
- 사용된 장신구나 소품은 새로운 장신구나 소품으로 바꿀 수 있습니다.

02 캐릭터의 소품을 새로운 소품으로 바꾸기

캐릭터의 소품을 새로운 소품으로 바꿔봅니다.

❶ [지우기(X)]를 클릭해 검색한 키워드를 지운 후 [소품] 메뉴에서 '방망이'로 검색한 이미지에서 야구 방망이를 선택해 추가합니다.

❷ [요소] 메뉴에서 [캐릭터 연동]의 [OFF]를 클릭해 [ON]으로 바꿉니다.

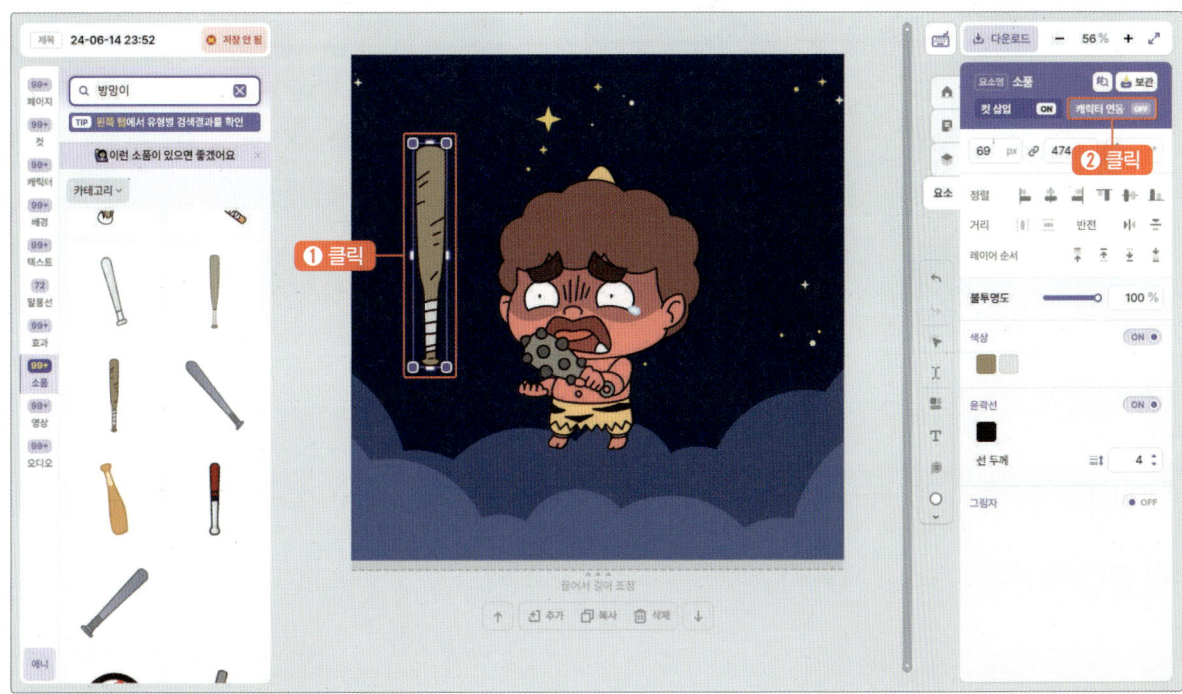

Chapter 04. 내 방망이 어디 갔어??? **039**

❸ '야구 방망이'를 캐릭터의 도깨비 방망이가 있는 곳으로 드래그하면 원래 있던 도깨비 방망이가 없어지고 '야구 방망이'로 바뀝니다.

❹ 도깨비가 자연스럽게 들고 있는 것처럼 만들기 위해 '야구 방망이'의 조절점을 드래그해 회전합니다.

5 그리고 '야구 방망이'를 드래그해 도깨비가 들고 있는 위치에 맞게 놓습니다.

6 소품의 배치가 끝났으면 작업 페이지의 빈 부분을 클릭합니다.

7 마지막으로 완성된 캐릭터의 크기를 키우고 위치를 정해 놓습니다.

 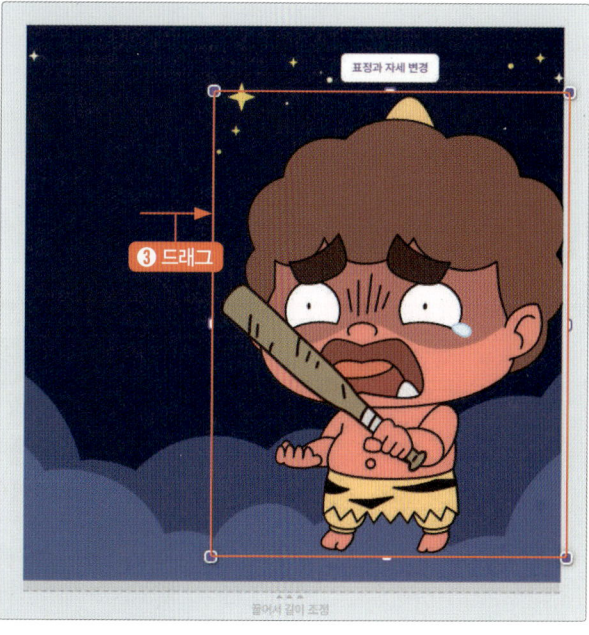

 소품이 캐릭터와 연동되기 때문에 캐릭터의 위치와 크기에 따라 소품의 위치와 크기도 함께 바뀌어요.

Chapter 04. 내 방망이 어디 갔어???

03 말풍선 추가하기

말풍선을 추가하고 상황에 맞도록 텍스트를 바꿔봅니다.

1 [지우기(X)]를 클릭해 검색한 키워드를 지운 후 [말풍선] 메뉴에서 '외침'을 입력해 검색합니다. 검색된 말풍선에서 원하는 모양을 클릭해 삽입합니다.

2 텍스트를 더블 클릭한 다음 "내 방망이 어디갔어???"를 입력하여 완성합니다.

CHAPTER 04 재미 팡팡! 레벨 UP

▶ **완성 파일** : 04강 레벨업 완성-1.jpg, 04강 레벨업 완성-2.jpg

● 다음과 같이 캐릭터와 소품을 추가하고 캐릭터의 소품을 바꿔 장면을 만들어 보세요.

❗ 검색 키워드 : (배경)개화기, (캐릭터)조선, (소품)태극기, (텍스트)삼일절

❗ 검색 키워드 : (배경)사진관, (캐릭터)선생님, (소품)투명액자, (말풍선)경고

CHAPTER 05 여긴 어디? 나는 누구?

#몸 #얼굴 #OFF #불투명도 #회전 #말풍선

▶ 완성 파일 : 05강 완성.jpg

오늘의 학습목표

- 캐릭터를 복사하고 회전할 수 있습니다.
- 캐릭터를 삽입하고 머리나 몸을 숨길 수 있습니다.
- 캐릭터의 불투명도를 바꿀 수 있습니다.

핵심 POINT

- ▶ 캐릭터의 복사 : 캐릭터 선택 → 복사(Ctrl+C) → 붙여넣기(Ctrl+V)
- ▶ [머리(또는 몸)] 숨기기 : [요소] 메뉴 → [머리(또는 몸)]의 [ON]을 클릭해 [OFF]로 변경
- ▶ 불투명도 : [요소] 메뉴 → 불투명도 값 입력

01 페이지 배경과 캐릭터 삽입하기

페이지 배경으로 사용할 이미지와 캐릭터를 추가해 봅니다.

1. 망고툰(https://toon.mangoboard.net)에 접속해 [로그인]한 후 [시작하기]를 클릭합니다.

2. 페이지의 배경을 만들기 위해 [배경] 메뉴를 클릭한 다음 '시골'로 검색한 후 원하는 배경을 선택합니다. [페이지 배경으로 사용]을 클릭한 후 검색어를 지우기 위해 [지우기(X)]를 클릭합니다.

3. 캐릭터를 삽입하기 위해 [캐릭터] 메뉴를 클릭합니다. 원하는 캐릭터를 선택해 삽입한 다음 [표정과 자세 변경]을 클릭합니다.

예제의 캐릭터 검색 키워드는 '인플루언서'예요.

Chapter 05. 여긴 어디? 나는 누구? **045**

④ 표정과 자세를 선택할 수 있는 창이 열리면 원하는 모양으로 선택한 후 [확인]을 클릭합니다.

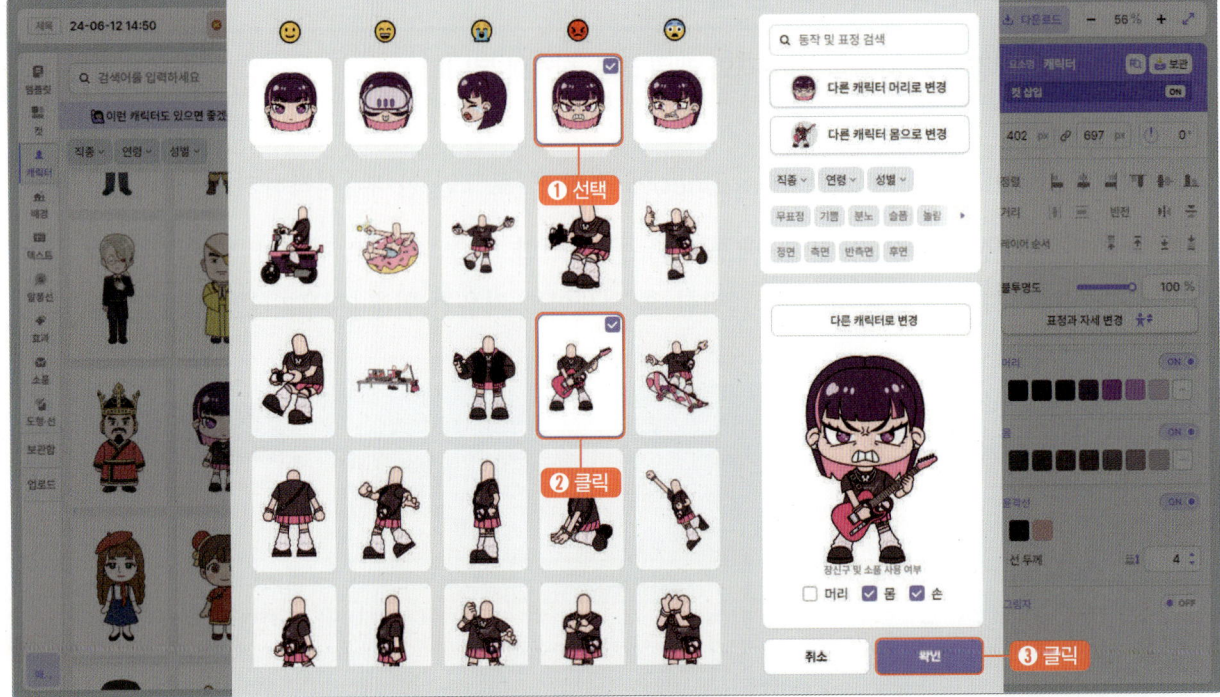

⑤ 표정과 자세가 바뀌면 모서리의 조절점을 드래그해 크기를 바꾼 다음 캐릭터를 적당한 위치에 놓습니다.

02 캐릭터 복사하고 얼굴만 남기기

캐릭터를 복사하고, 몸을 숨겨 얼굴만 남겨 봅니다.

❶ 캐릭터를 선택한 다음 Ctrl + C 를 눌러 복사한 다음 Ctrl + V 를 눌러 붙여 놓습니다.

❷ 복사된 캐릭터를 드래그해 위치를 정한 다음 [표정과 자세 변경]을 클릭합니다.

❸ 표정과 자세를 선택할 수 있는 창이 열리면 새로운 표정을 선택하고 [확인]을 클릭합니다.

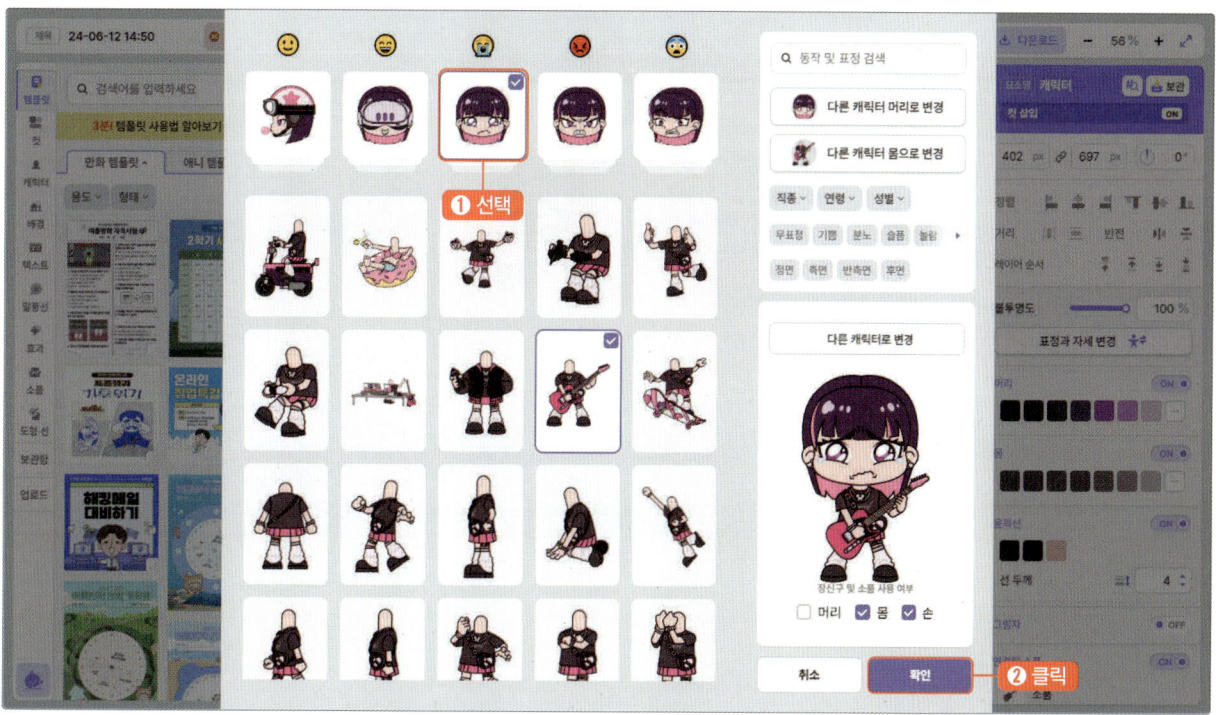

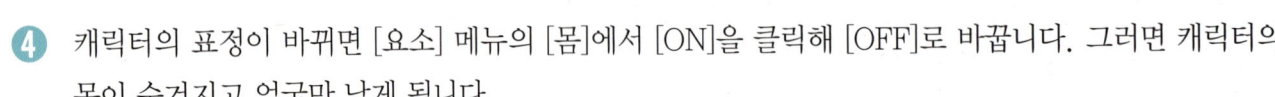

④ 캐릭터의 표정이 바뀌면 [요소] 메뉴의 [몸]에서 [ON]을 클릭해 [OFF]로 바꿉니다. 그러면 캐릭터의 몸이 숨겨지고 얼굴만 남게 됩니다.

⑤ 얼굴만 남은 캐릭터를 투명하게 만들기 위해 [요소] 메뉴의 [불투명도]를 조절한 후 크기를 줄여 줍니다.

> 돋보기 팁 불투명도
>
> 불투명도 값이 작을수록 선택한 요소가 투명해져요.

❻ 그리고 캐릭터를 회전한 후 위치를 정해 놓습니다.

❼ 첫 번째 복사한 캐릭터를 선택한 다음 Ctrl+C를 눌러 복사하고 Ctrl+V를 눌러 붙여 놓은 후 드래그해 위치를 정해 놓습니다.

❽ [요소] 메뉴에서 [반전]의 [수평 반전(◀▶)]을 클릭해 캐릭터 이미지를 반전시킵니다.

Chapter 05. 여긴 어디? 나는 누구?   **049**

❾ 캐릭터의 표정을 바꾸기 위해 [표정과 자세 변경]을 클릭한 후 캐릭터의 표정을 선택하고 [확인]을 클릭합니다.

❿ [말풍선] 메뉴를 선택해 말풍선을 추가하고 텍스트를 입력합니다. 그런 다음 폰트와 폰트 크기 등을 정하여 완성합니다.

예제에서는 폰트(TT투게더), 크기(41.06)으로 했어요.

CHAPTER 05 재미 팡팡! 레벨 UP

▶ 완성 파일 : 05강 레벨업 완성-1.jpg, 05강 레벨업 완성-2.jpg

● 다음과 같이 페이지에 배경과 캐릭터, 말풍선을 삽입해 장면을 꾸며 보세요.

❗ 검색 키워드 : (배경)목장, (캐릭터)병아리, (말풍선)생각

❗ 검색 키워드 : (배경)산, (캐릭터)손오공, (말풍선)나레이션

Chapter 05. 여긴 어디? 나는 누구? **051**

CHAPTER 06 가져갈 수 있을까?

#컷 맞춤 #레이어 #말풍선 #맞춤 말풍선 #꼬리 #꼬리 모양

오늘의 학습목표

▶ 완성 파일 : 06강 완성.jpg

- 컷을 만들고 캐릭터와 배경을 추가할 수 있습니다.
- 컷의 모양을 바꿀 수 있습니다.
- 맞춤 말풍선을 추가하고 모양을 바꿀 수 있습니다.

핵심 POINT

▶ 컷 추가 : [컷] 메뉴 → [빈 컷 추가] 클릭
▶ 맞춤 말풍선 : [말풍선] 메뉴 → [맞춤 말풍선 추가] 클릭
▶ 맞춤 말풍선 모양 바꾸기 : [요소] 메뉴 → [말풍선 모양], [모서리 둥글기], [꼬리 모양], [꼬리 두께] 지정

01 컷과 캐릭터 추가하기

웹툰에 사용할 컷을 추가하고 컷 안에 캐릭터를 추가해 봅니다.

① 망고툰(https://toon.mangoboard.net)에 접속해 [로그인]한 후 [시작하기]를 클릭합니다.

② 컷을 추가하기 위해 [컷] 메뉴에서 [빈 컷 추가]를 클릭합니다. 이렇게 하면 작업 페이지에 비어 있는 컷이 추가됩니다. 추가된 컷을 드래그해 크기를 키웁니다.

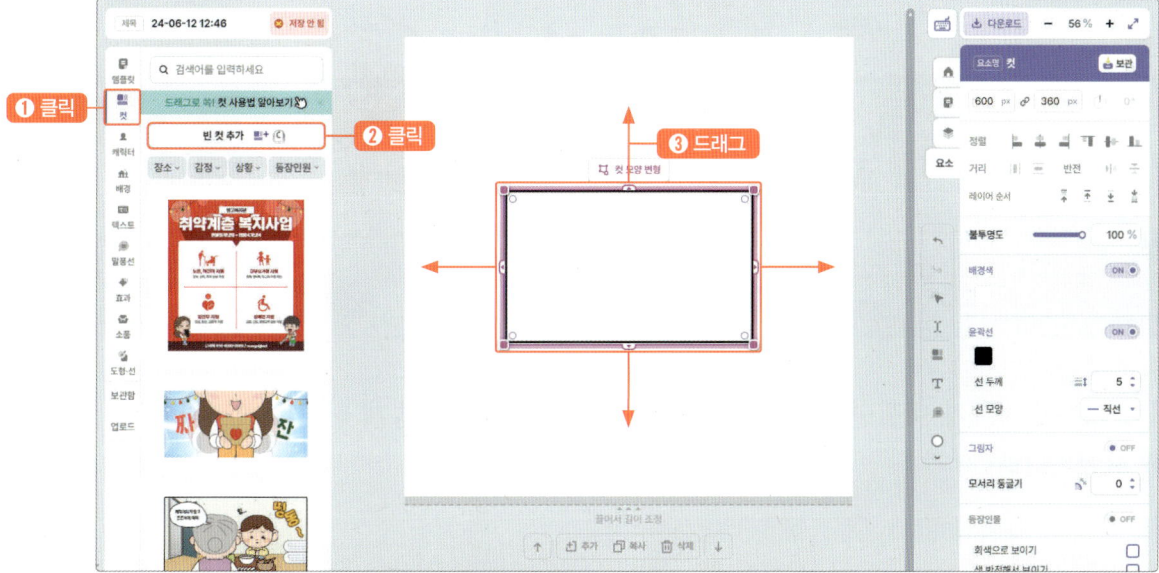

컷이란 웹툰에서 한 순간을 표현하기 위해 사용하는 것으로 다양한 요소를 담을 수 있어요.

③ 컷에 캐릭터를 추가하기 위해 [캐릭터] 메뉴에서 '오리'로 검색합니다. 원하는 이미지를 선택하고 [표정 및 자세 변경]을 클릭합니다.

Chapter 06. 가져갈 수 있을까? **053**

④ 표정과 자세를 선택할 수 있는 창이 열리면 원하는 모양으로 선택한 후 [확인]을 클릭합니다.

⑤ 캐릭터의 표정과 자세가 바뀌면 캐릭터를 컷으로 드래그합니다. 이렇게 하면 캐릭터와 같은 요소가 컷 안에 삽입됩니다.

❻ 캐릭터의 크기를 키운 후 작업 페이지의 빈 부분을 클릭해 컷 편집을 끝냅니다.

❼ 캐릭터가 컷 안에 들어간 모양으로 컷이 완성됩니다.

컷 안에 들어간 요소는 컷 바깥에서 보이지 않아요. 그리고 컷을 이동하거나 크기를 바꾸면 컷 안에 포함된 요소도 함께 이동하거나 크기가 바뀌어요.

Chapter 06. 가져갈 수 있을까?

02 컷 배경 만들기

배경을 추가해 컷의 배경을 만들고 레이어 순서를 바꿔봅니다.

① [지우기(✕)]를 클릭해 검색한 키워드를 지운 후 [배경] 메뉴에서 '시골'로 검색한 배경 이미지를 선택합니다. 선택한 배경 이미지를 컷 안으로 드래그해 컷 안으로 삽입합니다.

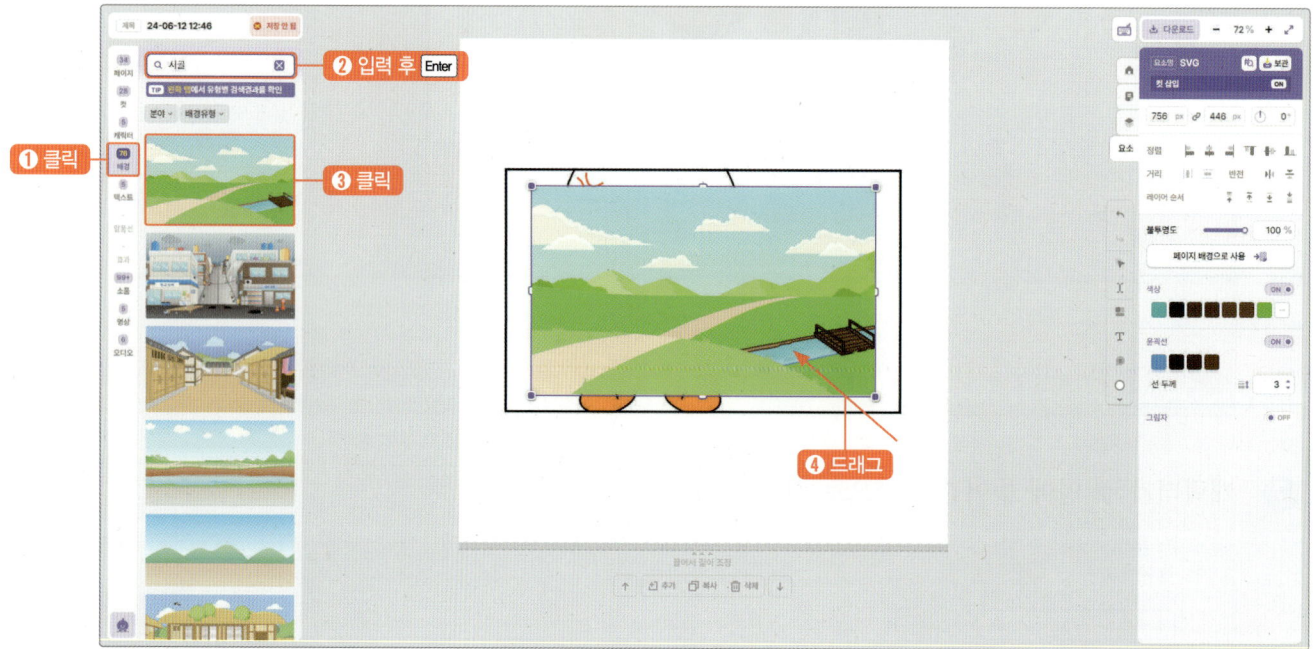

② 컷 안에 삽입된 배경 이미지의 크기를 키운 후 컷 안에 있던 캐릭터가 보이도록 만들기 위해 [요소] 메뉴의 [레이어 순서]에서 [맨 뒤로(⬇)]를 클릭합니다.

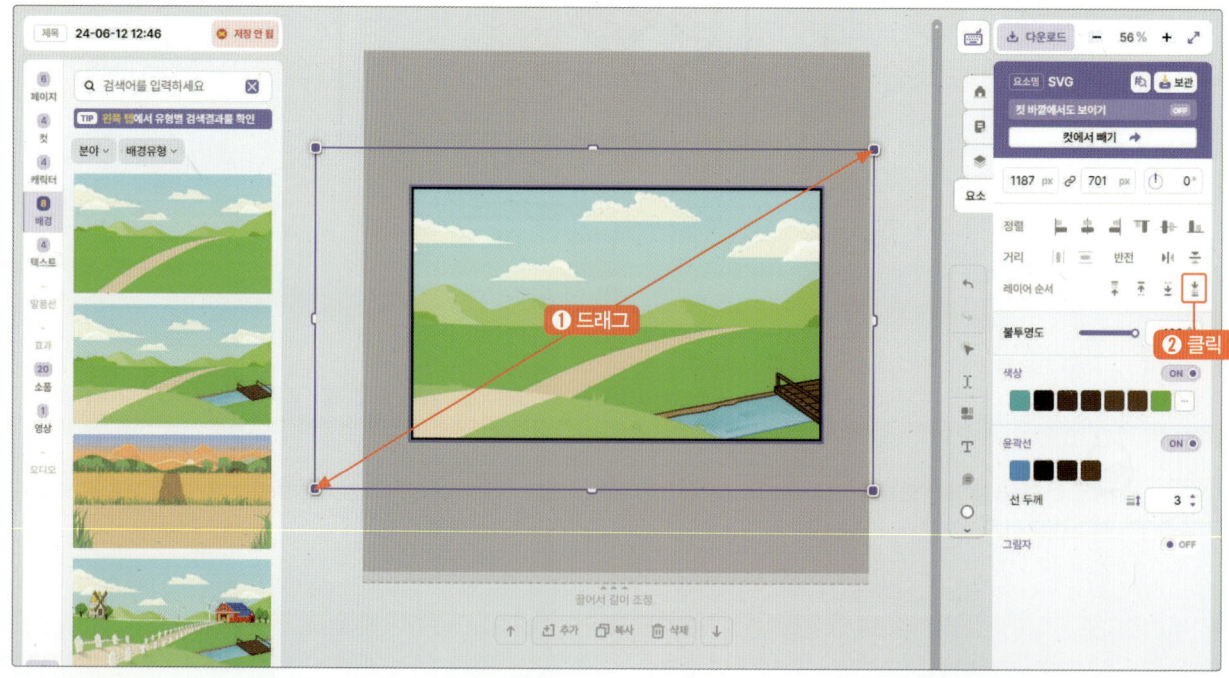

❸ 배경의 레이어 순서가 아래로 바뀌면서 캐릭터가 보입니다.

 돋보기 팁 레이어 순서

레이어는 캐릭터나 배경과 같은 하나의 요소를 말합니다. 레이어 순서는 페이지나 컷 안에 캐릭터와 같은 요소가 겹쳐진 순서를 말합니다. 페이지의 레이어 순서는 [레이어] 메뉴에서 확인할 수 있습니다.

Chapter 06. 가져갈 수 있을까? **057**

03 맞춤 말풍선

맞춤 말풍선을 추가해 대화를 입력하고 맞춤 말풍선의 모양을 바꿔봅니다.

❶ [지우기(X)]를 클릭해 검색한 키워드를 지운 후 [말풍선] 메뉴에서 [맞춤 말풍선 추가]를 클릭합니다.

❷ 추가한 맞춤 말풍선을 컷 안으로 드래그해 컷에 추가합니다.

❸ 말풍선의 텍스트를 더블 클릭한 다음 "가져가 보시던가!!!"를 입력합니다.

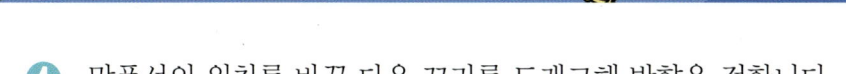

④ 말풍선의 위치를 바꾼 다음 꼬리를 드래그해 방향을 정합니다.

⑤ 맞춤 말풍선의 모양을 바꾸기 위해 [요소] 메뉴의 [말풍선 모양]에서 [사각형(□)]을 선택해 네모난 모양으로 만듭니다.

Chapter 06. 가져갈 수 있을까? **059**

❻ [요소] 메뉴의 [모서리 둥글기]에 값을 입력하여 사각형의 모서리를 둥글게 만듭니다.

❼ [꼬리 모양]의 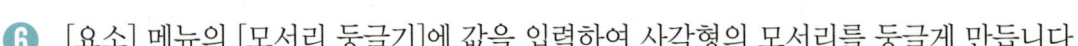를 클릭해 꼬리 모양을 바꾼 후 꼬리를 드래그해 위치를 정합니다.

돋보기 팁 │ 맞춤 말풍선의 모양

맞춤 말풍선은 '말풍선 모양', '모서리 둥글기', '꼬리 모양', '꼬리 두께'를 바꿔 다양한 형태로 만들 수 있습니다.

[말풍선의 모양]

[모서리 둥글기]

[꼬리 모양]

[꼬리 두께]

CHAPTER 06 재미 팡팡! 레벨 UP

▶ 완성 파일 : 06강 레벨업 완성-1.jpg, 06강 레벨업 완성-2.jpg

● 다음과 같이 새로운 컷을 추가한 후 배경과 캐릭터, 말풍선 등을 추가해 꾸며 보세요.

❗ 검색 키워드 : (배경)조선, (캐릭터)조선, (말풍선)맞춤 말풍선

❗ 검색 키워드 : (배경)무대, (캐릭터)인플루언서, (소품)음표, 속도감, (말풍선)맞춤 말풍선

Chapter 06. 가져갈 수 있을까? **061**

CHAPTER 07 잘 봐봐. 표정이 다르지!?

#스토리보드 #캐릭터 바꾸기 #표정 #컷

▶ 완성 파일 : 07강 완성.jpg

오늘의 학습목표

- 템플릿을 검색해 스토리보드를 삽입할 수 있습니다.
- 스토리보드에 캐릭터를 삽입할 수 있습니다.
- 스토리보드 전체 캐릭터를 한꺼번에 바꿀 수 있습니다.

| 평상시 | 기분 좋음 | 평상시 | 기분 좋음 |

| 매우 기쁨 | 매우 화남 | 매우 기쁨 | 매우 화남 |

핵심 POINT

▶ 스토리보드 삽입 : [템플릿] 메뉴 → '스토리보드'로 검색 → 원하는 스토리보드 삽입
▶ 캐릭터 변경 : [요소] 메뉴 → [등장인물]의 [변경] 클릭 → 새로운 캐릭터 선택

01 스토리보드 삽입하기

웹툰을 구성하는 스토리보드를 삽입해 봅니다.

① 망고툰(https://toon.mangoboard.net)에 접속해 [로그인]한 후 [시작하기]를 클릭합니다.

② 스토리보드를 만들기 위해 [템플릿]에서 '스토리보드'로 검색한 후 원하는 스토리보드를 삽입하고, [지우기(X)]를 클릭해서 검색어를 지웁니다.

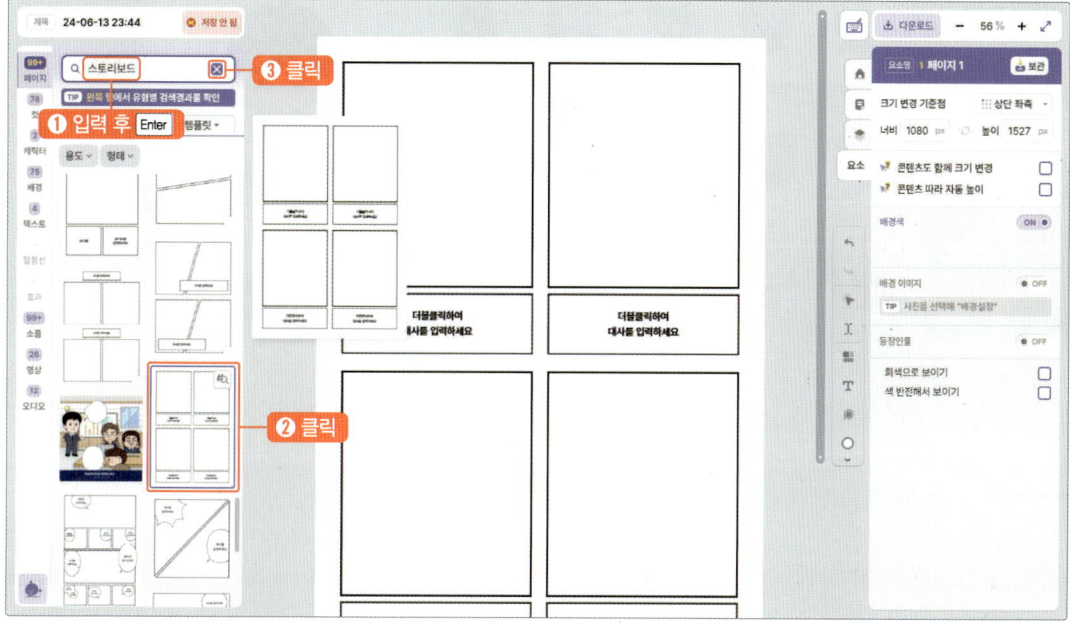

③ [캐릭터] 메뉴를 클릭한 다음 원하는 캐릭터를 드래그해 컷 안에 넣은 후 캐릭터의 [표정과 자세 변경]을 클릭합니다.

④ 캐릭터를 원하는 표정과 자세로 변경한 후 작업 페이지의 빈 부분을 클릭해 컷 편집을 끝냅니다.

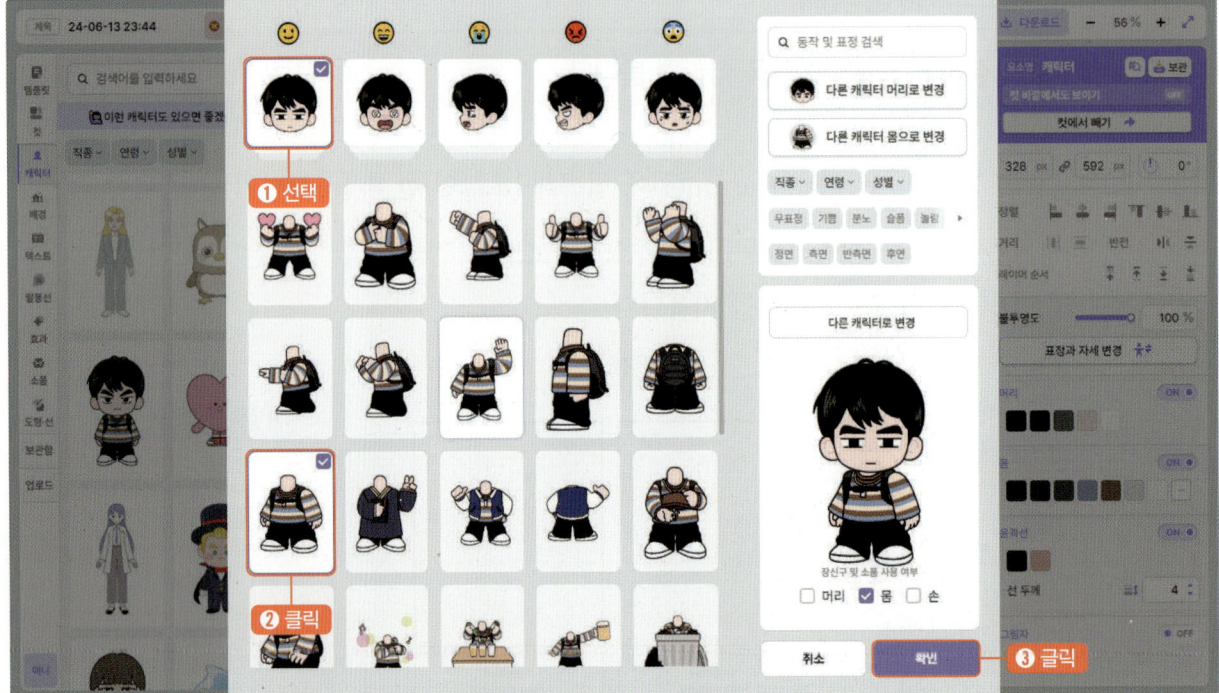

⑤ 컷 아래 말풍선의 텍스트를 더블 클릭한 다음 '평상시'라고 입력하여 첫 번째 컷을 완성합니다.

❻ 새로운 컷에 캐릭터를 삽입한 다음 [표정과 자세 변경]을 클릭하여 캐릭터의 표정과 자세를 변경합니다.

❼ 컷 아래 말풍선의 텍스트를 더블 클릭해 '기분 좋음'을 입력합니다.

⑧ 세 번째 컷에 캐릭터를 삽입하고 표정과 자세를 바꿔 줍니다.

⑨ 작업 페이지의 빈 부분을 클릭해 컷 편집을 끝낸 다음 텍스트를 더블 클릭해 '매우 기쁨'을 입력합니다.

⑩ 마지막 컷에 캐릭터를 만들어 넣은 후 텍스트를 더블 클릭해 '매우 화남'을 입력합니다.

02 등장인물 바꾸기

컷에 삽입된 캐릭터를 다른 캐릭터로 바꿔봅니다.

❶ 페이지에 삽입된 캐릭터를 다른 캐릭터로 바꾸기 위해 [요소] 메뉴에서 [등장인물]의 [변경]을 클릭합니다.

❷ 새로운 캐릭터를 선택한 다음 [확인]을 클릭합니다.

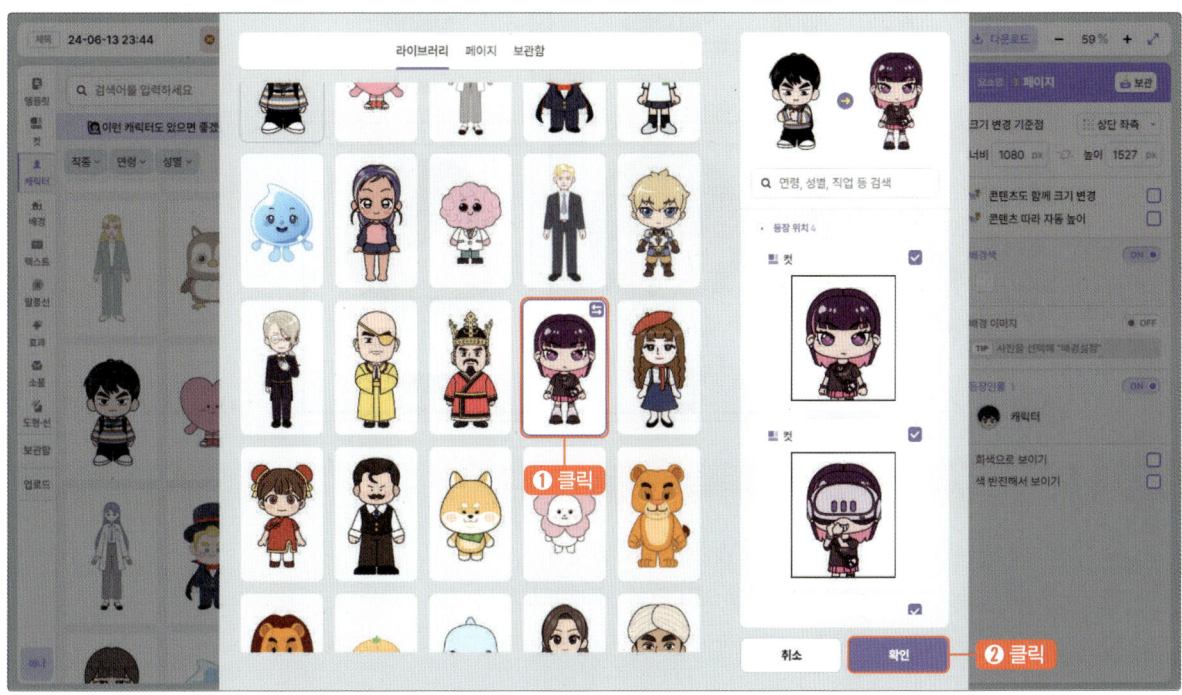

Chapter 07. 잘 봐봐. 표정이 다르지!?

❸ 페이지에 삽입된 전체 컷의 캐릭터가 모두 새로운 캐릭터로 바뀝니다.

❹ 같은 방법으로 페이지에 포함된 캐릭터를 또 다른 캐릭터로 바꿀 수 있습니다.

돋보기 팁 하나의 캐릭터만 다른 캐릭터로 변경하기

❶ 캐릭터를 선택한 다음 [표정 및 자세 변경]을 클릭합니다.
❷ [다른 캐릭터로 변경]을 클릭해 새로운 캐릭터를 선택합니다.
❸ 이렇게 하면 선택한 캐릭터만 다른 캐릭터로 바꿀 수 있습니다.

CHAPTER 07 재미 팡팡! 레벨 UP

▶ 완성 파일 : 07강 레벨업 완성-1.jpg

● 다음과 같이 작업 페이지에 스토리보드를 삽입해 보세요.

❗ 검색 키워드 : (템플릿)회의장면

● 캐릭터를 바꿔 재미있는 장면을 연출해 보세요.

Chapter 07. 잘 봐봐. 표정이 다르지!? **069**

CHAPTER 08 역사 속으로....

#컷 #컷 색상 #컷 모양 #회색

오늘의 학습목표

▶ 완성 파일 : 08강 완성.jpg

- 컷을 추가하고 모양을 바꿀 수 있습니다.
- 컷과 페이지의 색상을 바꿀 수 있습니다.

핵심 POINT

▶ 빈 컷 삽입 : [컷] 메뉴 → [빈 컷 추가] 클릭

▶ 컷 모양 변경 : [컷 모양 변경] 클릭 → 모서리 드래그

▶ 컷 또는 페이지 색 변경 : [요소] 메뉴 → [회색으로 보이기] 클릭

01 컷 모양 바꾸기

빈 컷을 추가한 후 컷의 모양을 바꿔봅니다.

1. 망고툰(https://toon.mangoboard.net)에 접속해 [로그인]한 후 [시작하기]를 클릭합니다.

2. 컷을 추가하기 위해 [컷] 메뉴에서 [빈 컷 추가]를 클릭합니다. 컷이 추가되면 드래그하여 위치를 바꾼 후 컷의 크기를 변경합니다.

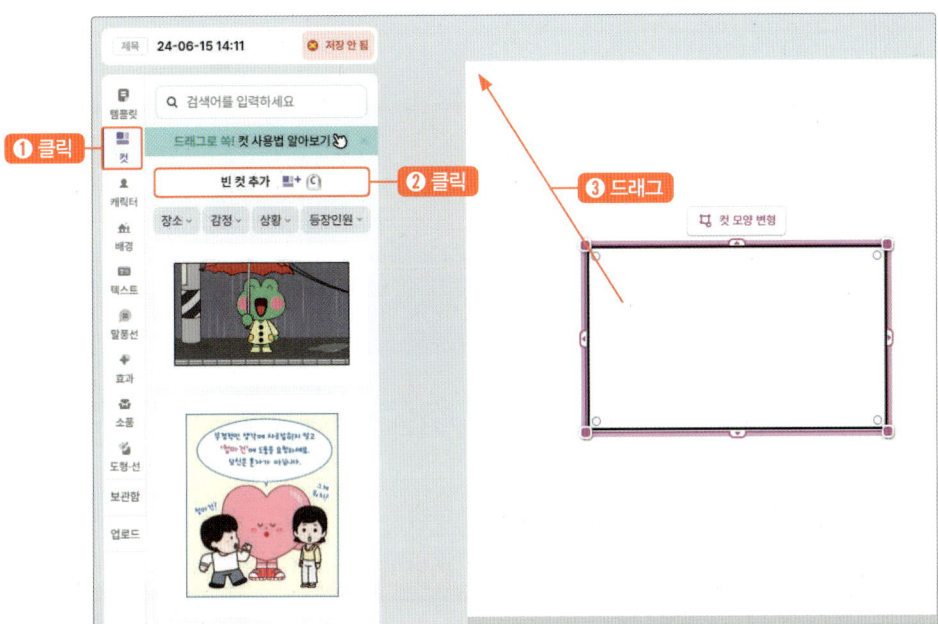
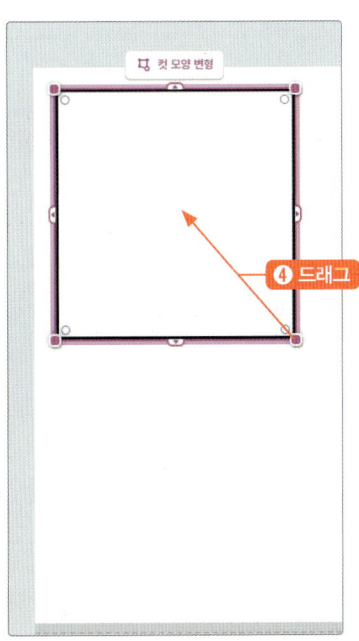

3. 컷의 모양을 바꾸기 위해 [컷 모양 변형]을 클릭한 후 컷의 모서리를 드래그해 모양을 바꿔줍니다. 컷 모양 변경이 끝나면 작업 페이지의 빈 부분을 클릭합니다.

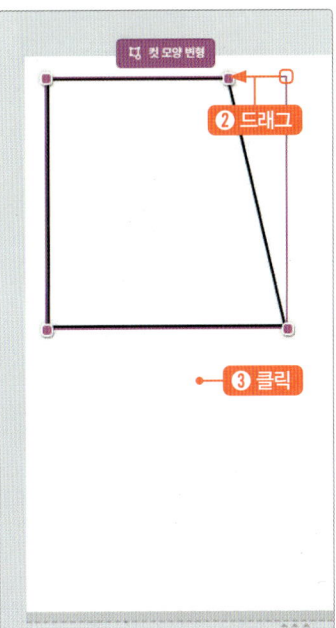

❹ 또 다른 컷을 추가하기 위해 [컷] 메뉴에서 [빈 컷 추가]를 클릭하고 컷의 위치와 크기를 정해 놓습니다.

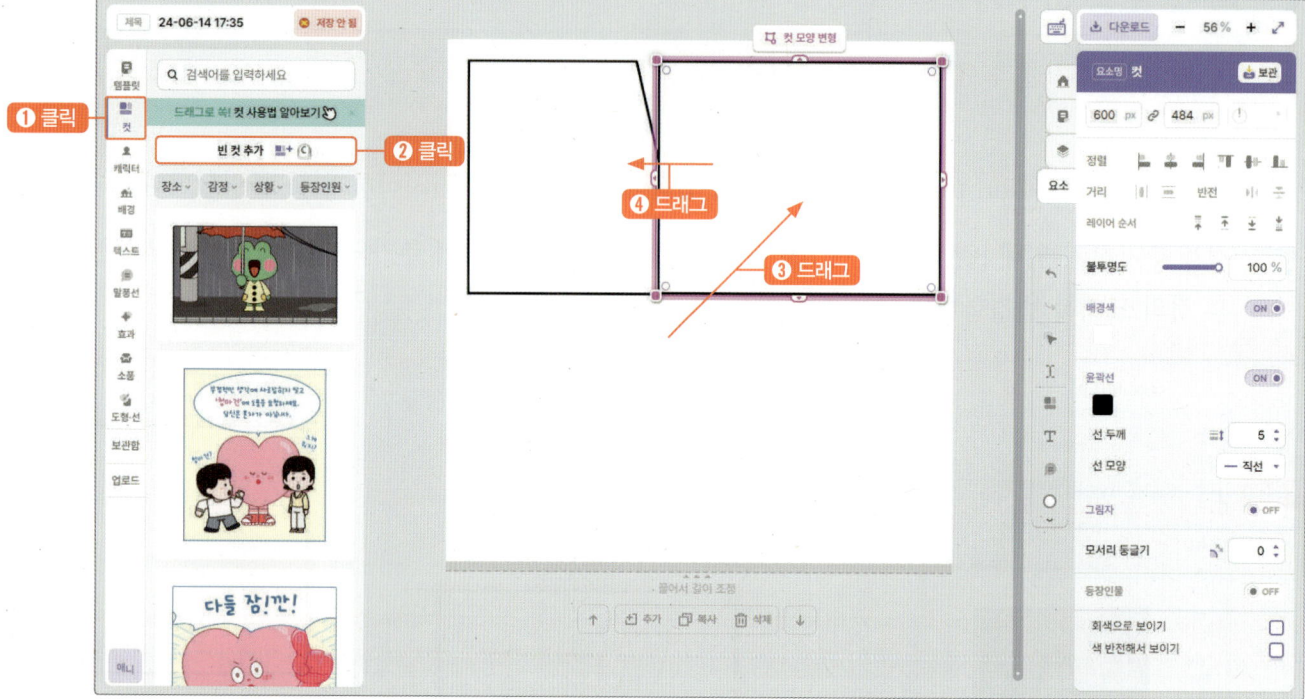

❺ 컷의 모양을 바꾸기 위해 [컷 모양 변형]을 선택한 다음 컷의 모서리를 드래그해 모양을 정합니다. 컷 모양 변경이 끝나면 작업 페이지의 빈 부분을 클릭합니다.

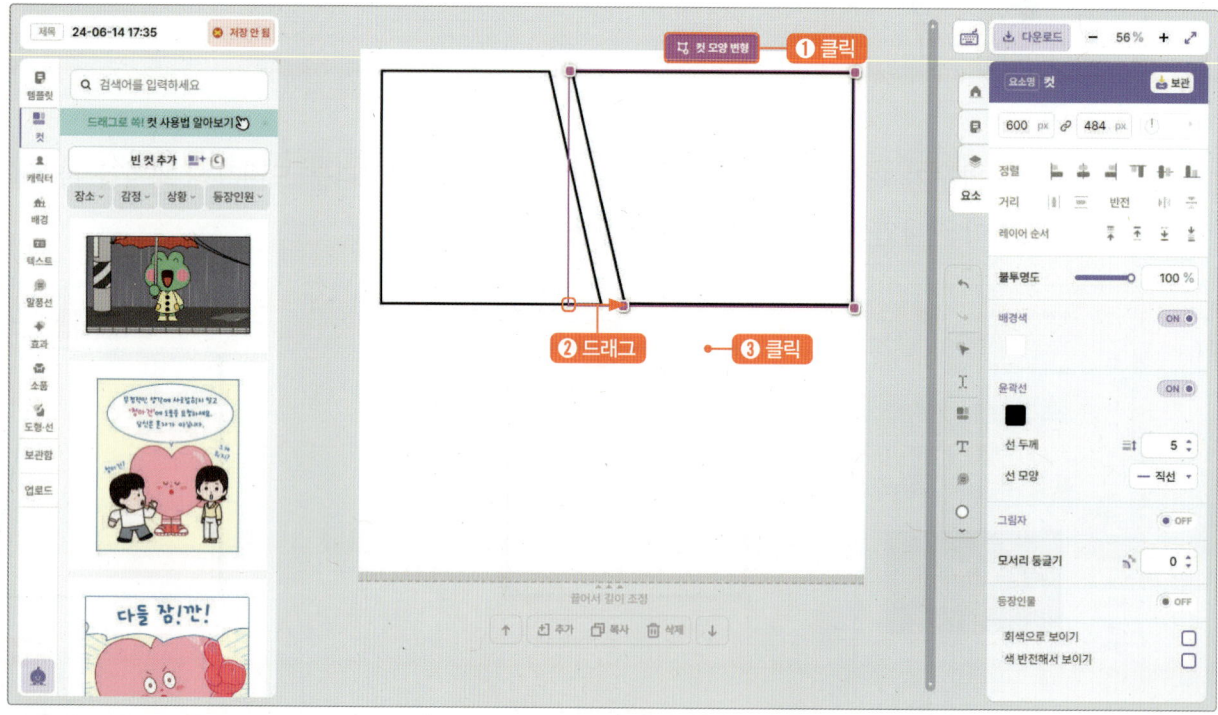

컷 모양 변형은 원래 컷 모양에서 안쪽으로만 바꿀 수 있어요.

❻ 마지막으로 [빈 컷 추가]를 클릭하여 컷을 추가한 후 위치와 크기를 정해 놓습니다.

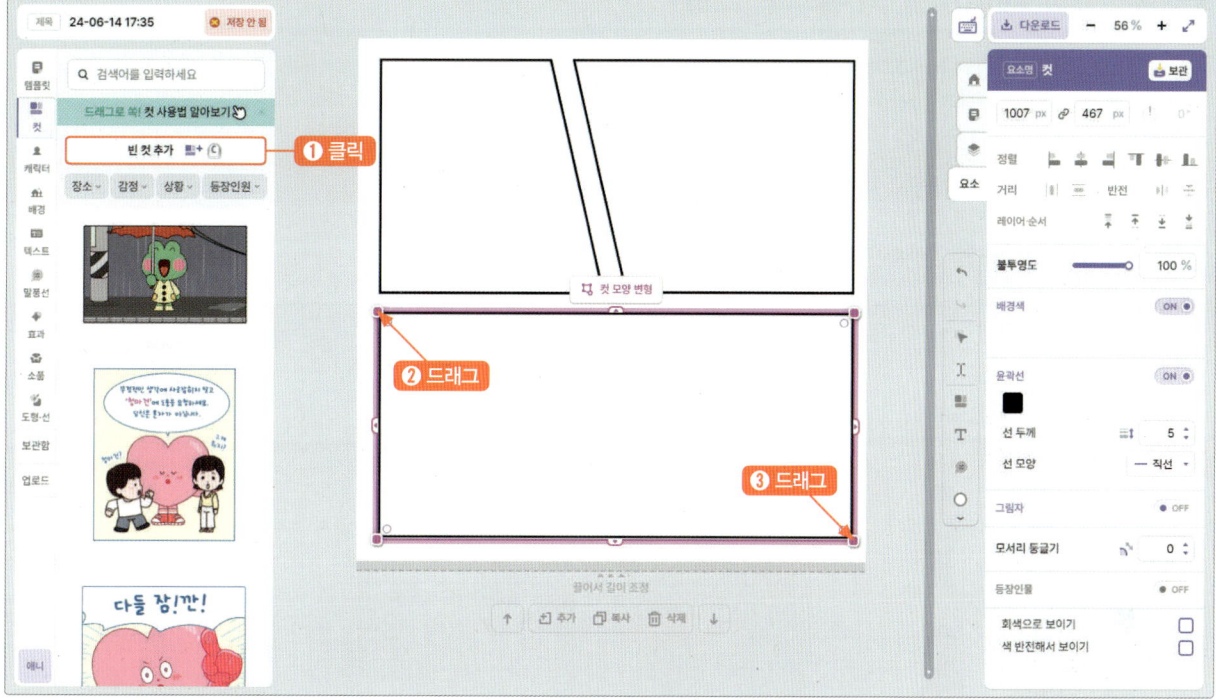

❼ 컷 조절점의 안쪽에 있는 ○를 드래그해 컷의 모서리를 둥글게 바꿔줍니다.

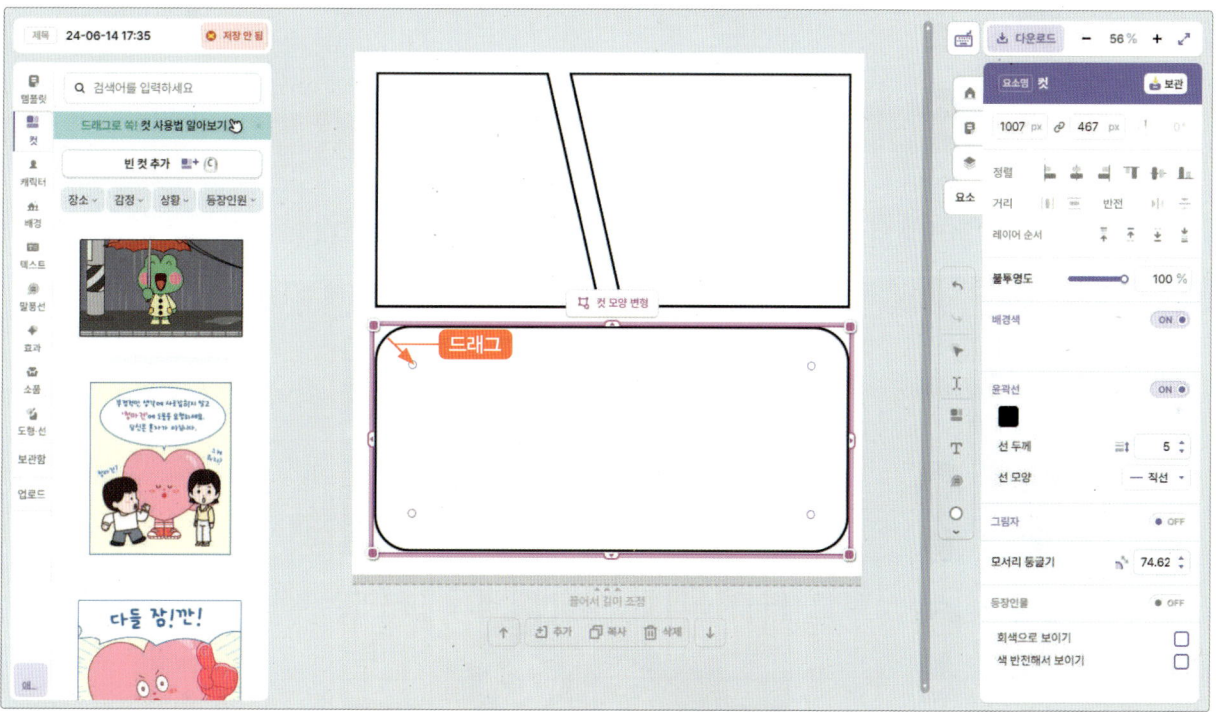

컷을 선택한 다음 [요소] 메뉴에서 [모서리 둥글기]에 값을 입력해도 돼요.

Chapter 08. 역사 속으로.... **073**

02 컷과 페이지를 회색으로 만들기

컷이나 페이지에 포함된 요소를 회색으로 바꿔봅니다.

❶ [배경] 메뉴를 선택한 다음 이미지를 선택해 컷에 추가합니다.

❷ [캐릭터] 메뉴를 선택한 다음 캐릭터를 선택해 컷에 추가합니다.

배경은 '첨성대'로 캐릭터는 '삼국시대'로 검색해 삽입해요.

❸ 남은 다른 컷에도 배경과 캐릭터를 추가하여 페이지를 완성합니다.

배경은 '자연'과 '전통문'으로 캐릭터는 '신라왕'과 '한복'으로 검색해 삽입해요.

④ 컷을 흑백으로 만들기 위해 바꿀 컷을 선택한 다음 [요소] 메뉴에서 [회색으로 보이기]를 클릭합니다.

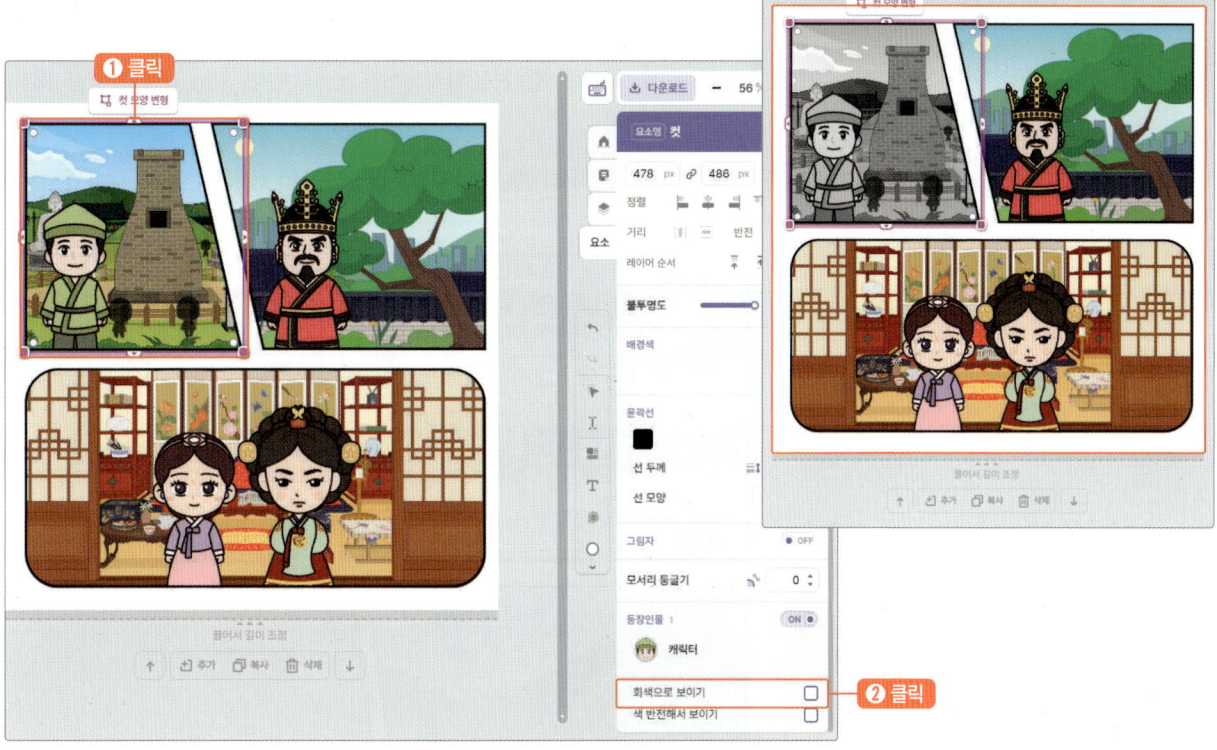

⑤ 전체 작업 페이지를 흑백으로 바꾸려면 작업 페이지의 빈 부분을 클릭한 다음 [요소] 탭의 [회색으로 보이기]를 클릭합니다.

Chapter 08. 역사 속으로.... **075**

CHAPTER 08 재미 팡팡! 레벨 UP

▶ 완성 파일 : 08강 레벨업 완성-1.jpg, 08강 레벨업 완성-2.jpg

● 다음과 같이 작업 페이지에 새로운 컷을 추가한 후 컷 모양을 바꿔보세요.

! 검색 키워드 : (컷)빈 컷 추가,
　　　　　　　(배경)야구장,
　　　　　　　(배경)목장,
　　　　　　　(배경)낚시,
　　　　　　　(배경)초원

! 검색 키워드 : (컷)빈 컷 추가,
　　　　　　　(캐릭터)용

CHAPTER 09 톡 대화는 힘들어~

#도형 #선 #안내선 #캐릭터 #말풍선

▶ 완성 파일 : 09강 완성.png

오늘의 학습목표

- 도형을 추가하고 크기와 위치를 정할 수 있습니다.
- 도형의 색상을 바꾸고 윤곽선을 없앨 수 있습니다.

핵심 POINT

▶ 도형 추가 : [도형] 메뉴 → 원하는 도형 클릭 → 드래그해 크기 및 위치 지정
▶ 도형 색상 바꾸기 : [요소] 메뉴 → [색상] → 채울 색상 선택(또는 입력)
▶ 도형 윤곽선 없애기 : [요소] 메뉴 → [윤곽선]의 [ON]을 클릭해 [OFF]로 변경

 **도형 추가하기**

도형을 이용하여 카톡 대화창을 만들어 봅니다.

① 망고툰(https://toon.mangoboard.net)에 접속해 [로그인]한 후 [시작하기]를 클릭합니다.

② 카톡 대화창을 만들기 위해 [도형·선] 메뉴를 선택한 다음 [사각형]을 선택합니다. 사각형이 추가되면 모서리와 면에 있는 조절점을 드래그해 크기를 정합니다.

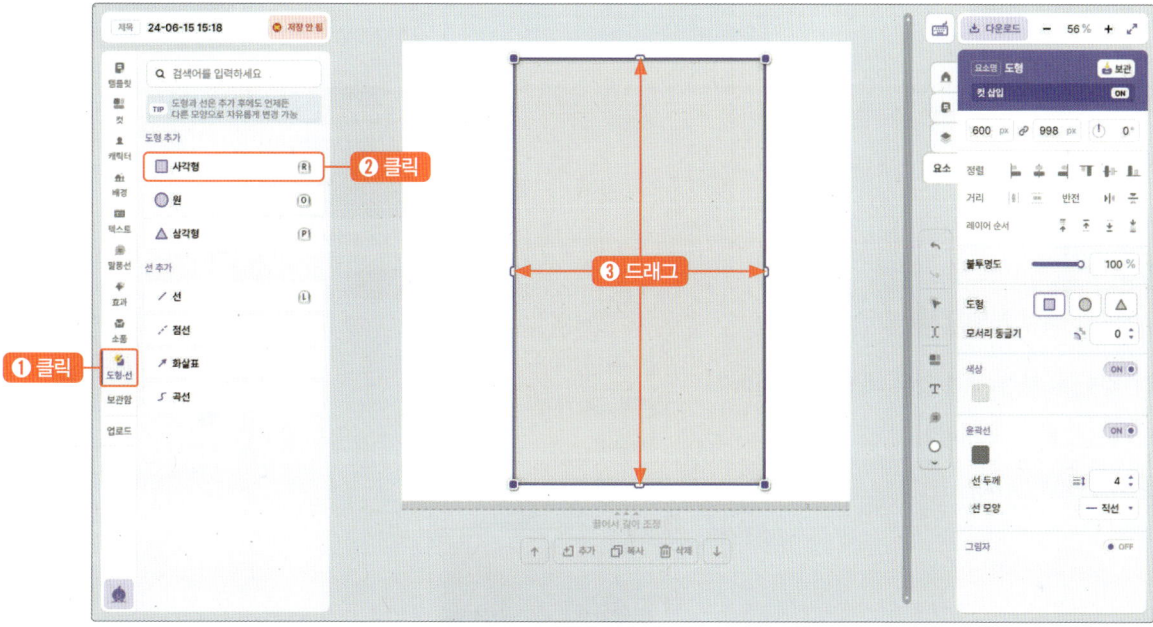

③ 사각형의 크기를 조절하기 위해 드래그하면 안내선이 표시됩니다. 안내선을 확인하면서 작업 페이지의 가운데에 사각형을 위치합니다.

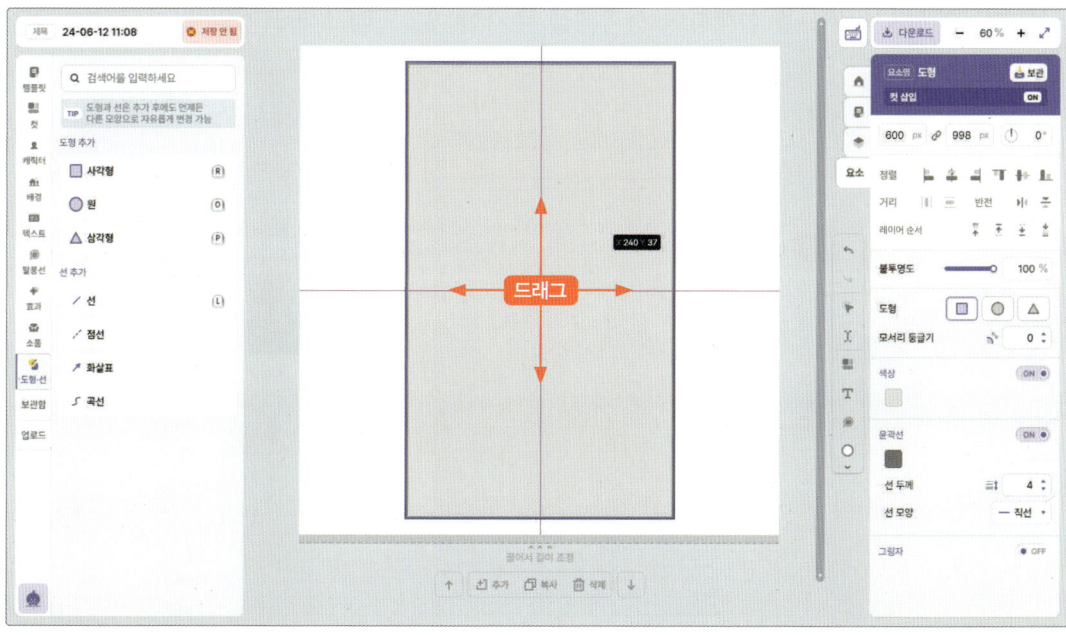

Chapter 09. 톡 대화는 힘들어~ **079**

02 도형 색상 바꾸기

추가한 도형의 색상을 바꾸고 윤곽선을 감춰봅니다.

① 사각형을 선택한 다음 [요소] 메뉴의 [색상]을 선택합니다. 배경으로 채울 [색상]에 'BFDEFF'를 입력합니다.

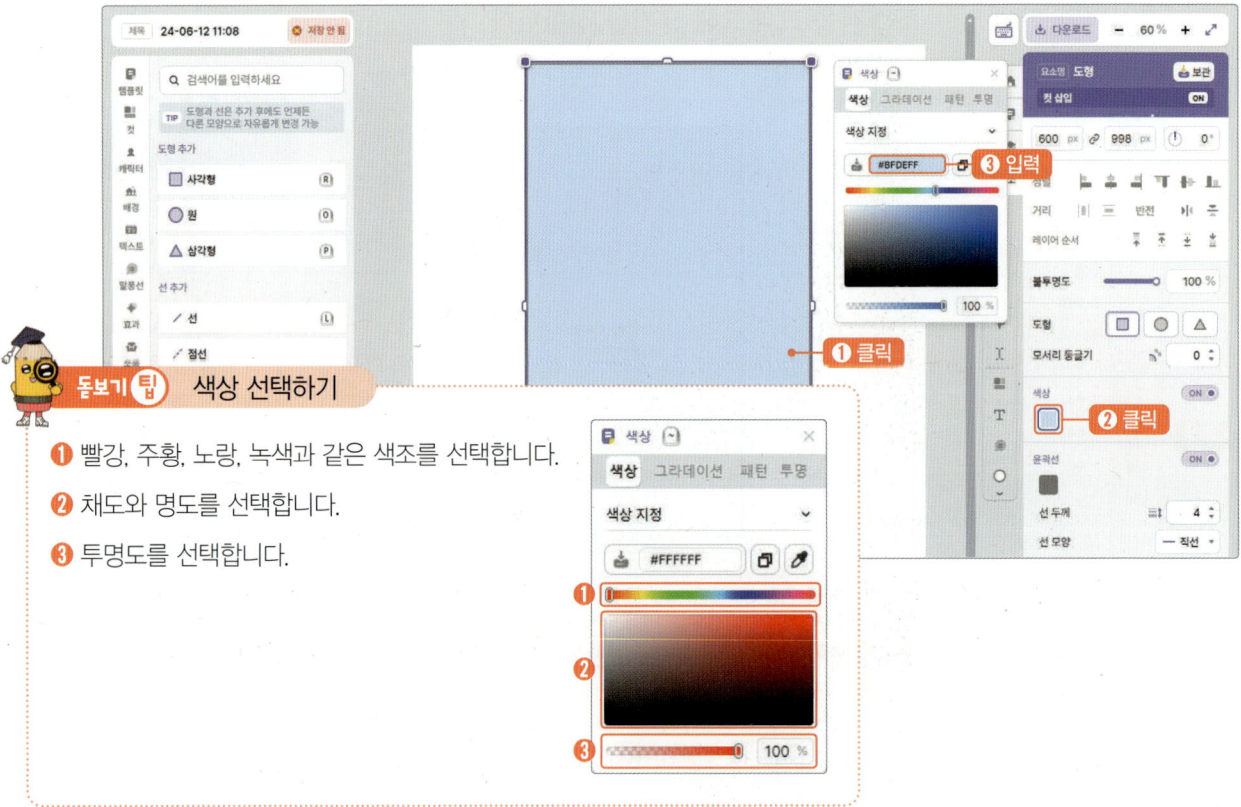

돋보기 팁 — 색상 선택하기

① 빨강, 주황, 노랑, 녹색과 같은 색조를 선택합니다.
② 채도와 명도를 선택합니다.
③ 투명도를 선택합니다.

② [도형·선] 메뉴에서 [사각형]을 선택하여 사각형을 추가한 후, 드래그해 크기와 위치를 정해 놓습니다.

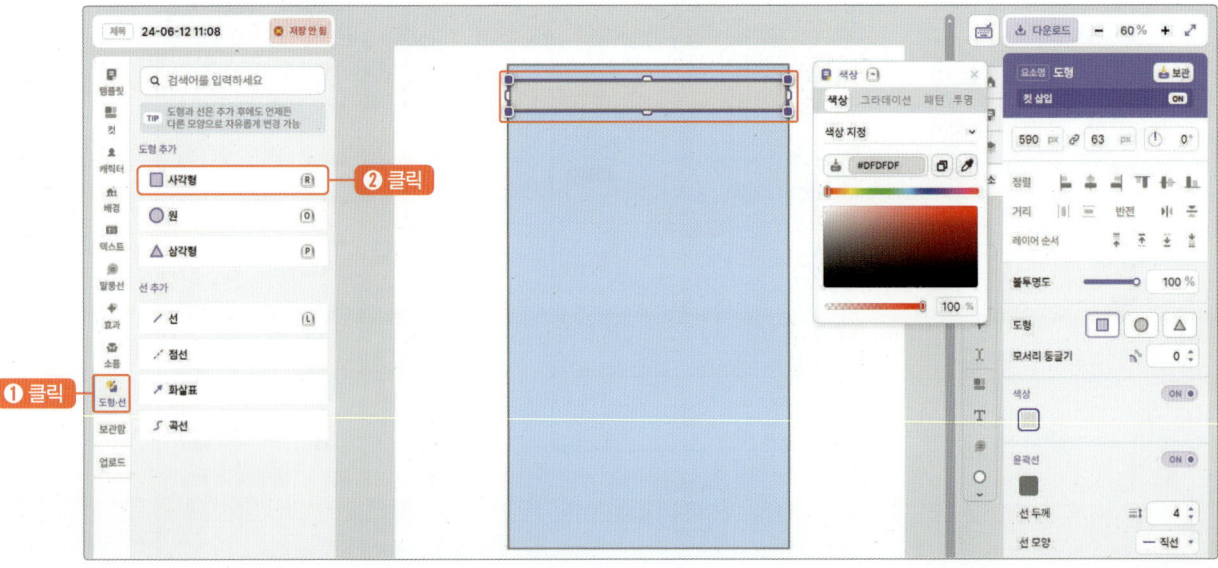

❸ 새로운 도형에 [요소] 메뉴의 [색상]을 선택한 후 배경으로 채울 [색상]에 'A7C9ED'를 입력합니다.

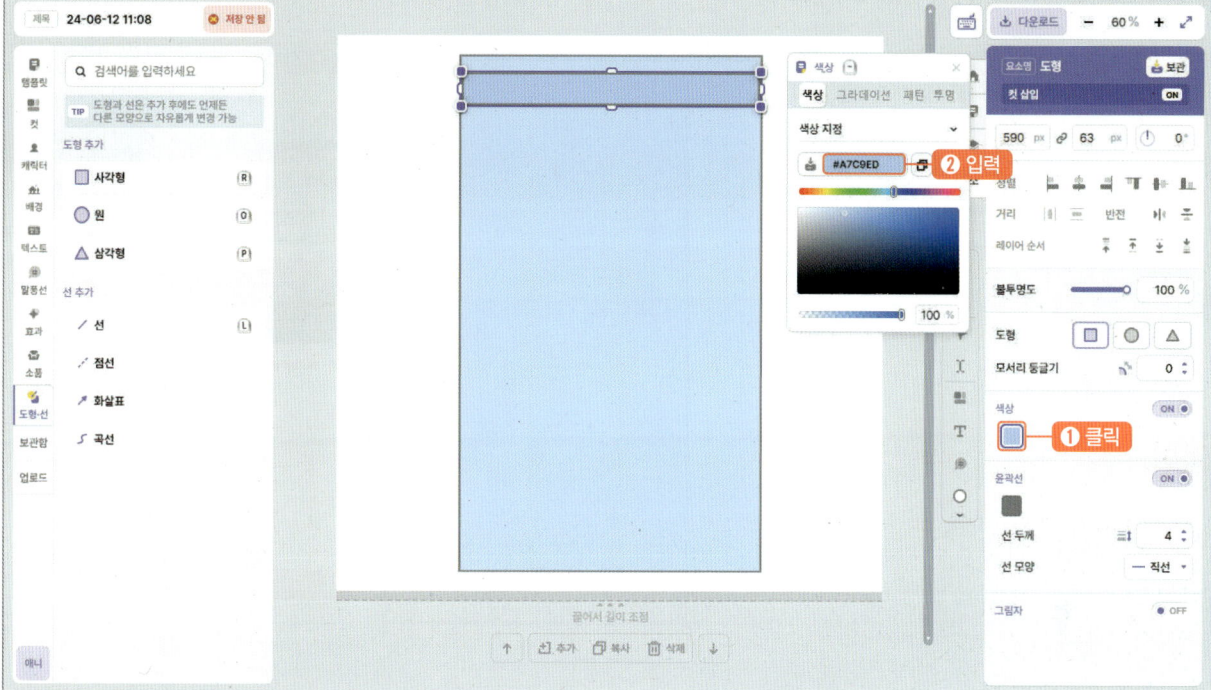

❹ 윤곽선을 없애기 위해 윤곽선의 [ON]을 클릭해 [OFF]로 바꿔 줍니다.

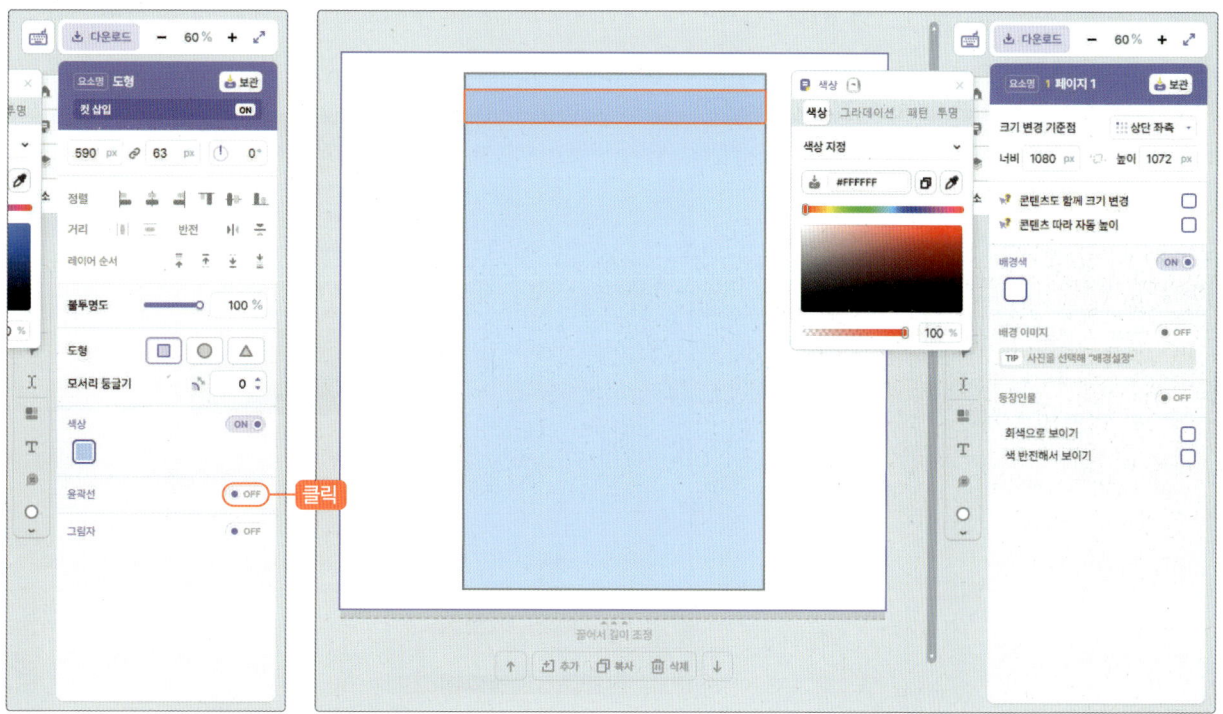

Chapter 09. 톡 대화는 힘들어~ **081**

❺ [도형·선] 메뉴의 [사각형]을 선택하여 또 다른 사각형을 추가한 후 [요소] 메뉴의 [색상]에서 'DFDFDF'를 입력하고 드래그해 크기와 위치를 정해 놓습니다.

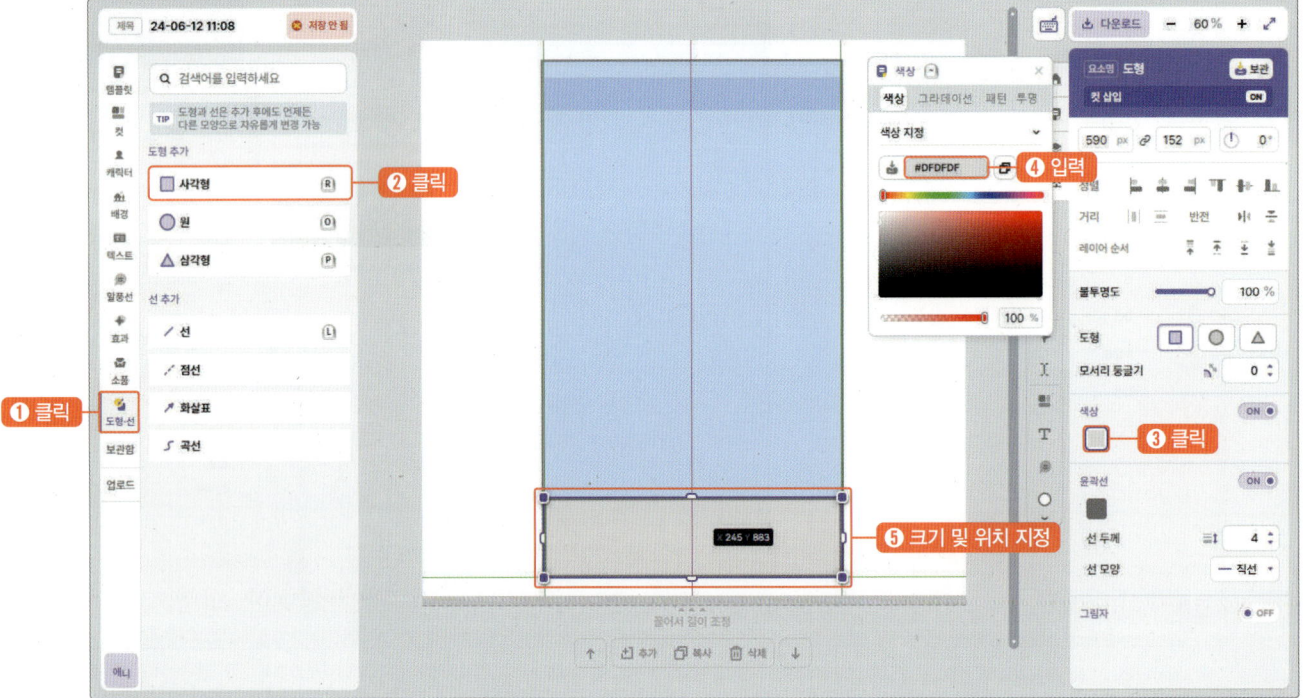

❻ [도형·선] 메뉴의 [사각형]을 선택하여 마지막 사각형을 추가한 후 드래그해 크기와 위치를 정해 놓습니다.

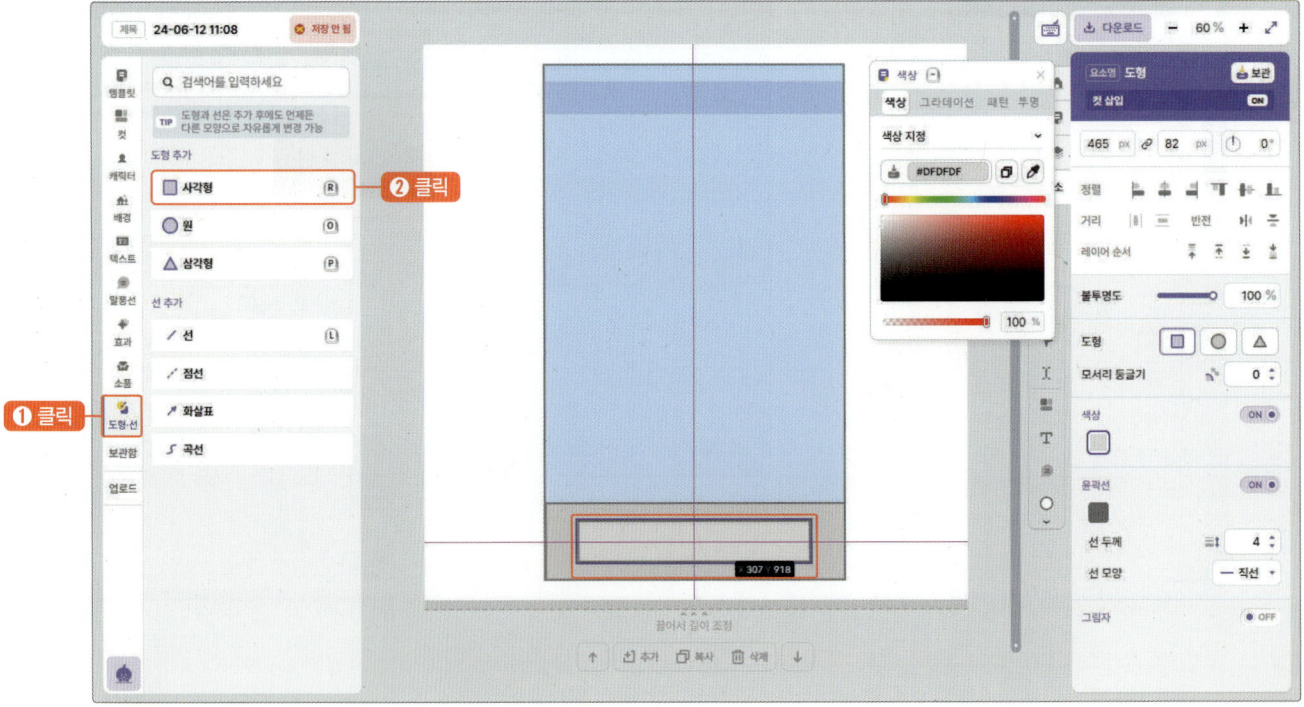

도형을 배치할 때는 안내선을 확인하면 쉽게 배치할 수 있어요.

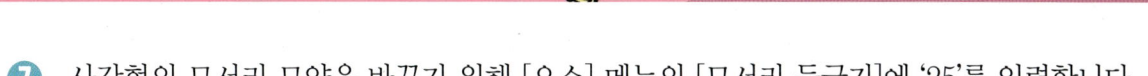

❼ 사각형의 모서리 모양을 바꾸기 위해 [요소] 메뉴의 [모서리 둥글기]에 '25'를 입력합니다.

❽ [요소] 메뉴의 [색상]을 선택하고 [색상 지정]에 'FFFFFF'를 입력합니다.

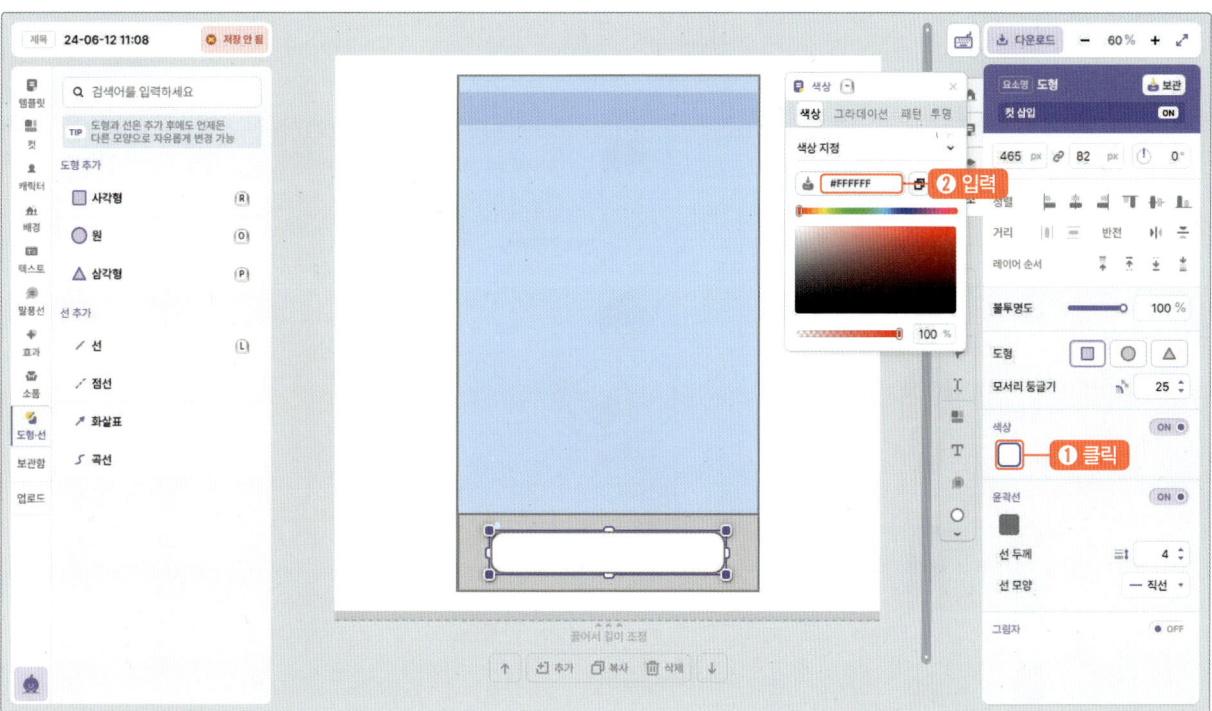

❾ [텍스트] 메뉴의 [텍스트 추가]를 클릭하고 텍스트를 입력해 카톡 대화창의 이름을 만듭니다.

❿ 마지막으로 캐릭터와 말풍선 등을 추가해 카톡 대화창을 완성합니다.

CHAPTER 09 재미 팡팡! 레벨 UP

▶ 완성 파일 : 09강 레벨업 완성-1.jpg, 09강 레벨업 완성-2.jpg

● 다음과 같이 도형을 추가해 장면을 꾸며 봅니다.

❗ 검색 키워드 : (폰트)로커스상상고딕, HS두꺼비체, (캐릭터)고양이, 개구리

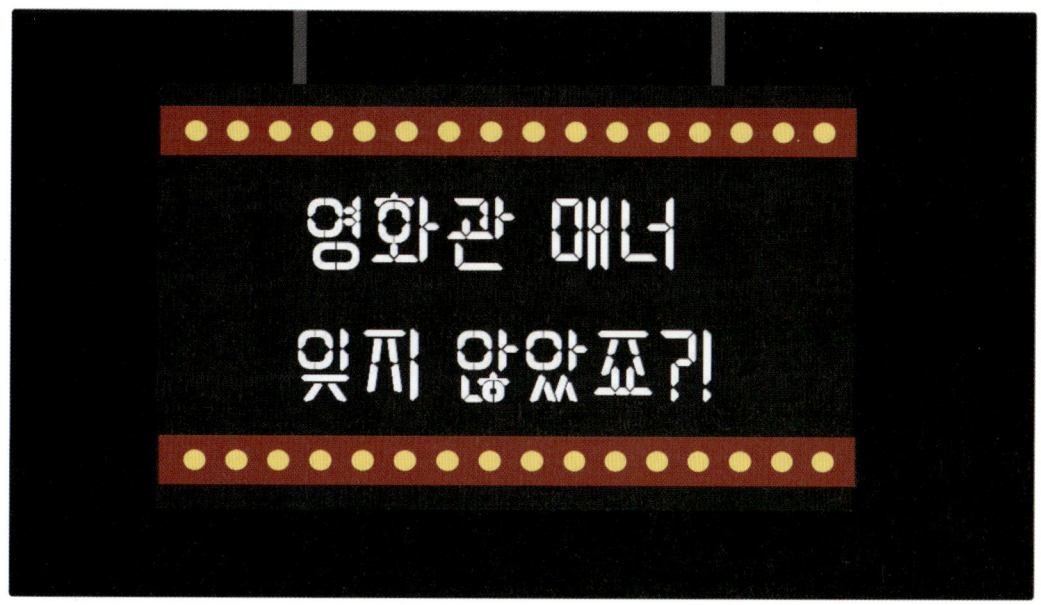

❗ 검색 키워드 : (폰트)FONTLAB 랩 디지털

CHAPTER 10 — 옛날 옛적에! 개와 고양이

#반전 #컷 바깥 #캐릭터 #컷에서 빼기

▶ 완성 파일 : 10강 완성.jpg

오늘의 학습목표

- 캐릭터를 추가하고 반전할 수 있습니다.
- 캐릭터를 컷 바깥에서 보이도록 설정할 수 있습니다.
- 캐릭터를 컷에서 뺄 수 있습니다.

핵심 POINT

▶ 반전 : [요소] 메뉴 → [반전] → [수평 반전(◀▶)] 클릭
▶ 바깥에서 보이기 : [요소] 메뉴 → [컷 바깥에서도 보이기] 클릭
▶ 컷에서 빼기 : [요소] 메뉴 → [컷에서 빼기] 클릭

01 배경과 제목 만들기

배경을 추가하고 [텍스트]를 이용해 페이지의 제목을 만들어 봅니다.

1. 망고툰(https://toon.mangoboard.net)에 접속해 [로그인]한 후 [시작하기]를 클릭합니다.
2. [배경] 메뉴에서 '강'으로 검색한 후 원하는 배경을 선택하고 [페이지 배경으로 사용]을 클릭합니다.

3. [지우기(X)]를 클릭해 검색한 키워드를 지운 후 [텍스트] 메뉴에서 '찍신'으로 검색된 텍스트 중 원하는 텍스트('D-30 찍신 강림')를 선택합니다.
4. 'D-30'을 더블 클릭한 다음 '옛날 옛적에'를 입력하고 '찍신 강림'을 더블 클릭해 '개와 고양이'를 입력합니다. [지우기(X)]를 클릭해서 검색어를 지웁니다.

Chapter 10. 옛날 옛적에! 개와 고양이 **087**

02 컷 만들기

컷을 추가하고 캐릭터를 삽입해 봅니다.

❶ 컷을 추가하기 위해 [컷] 메뉴에서 [빈 컷 추가]를 클릭합니다. 컷이 추가되면 드래그하여 위치를 바꾼 후 컷의 크기를 변경합니다.

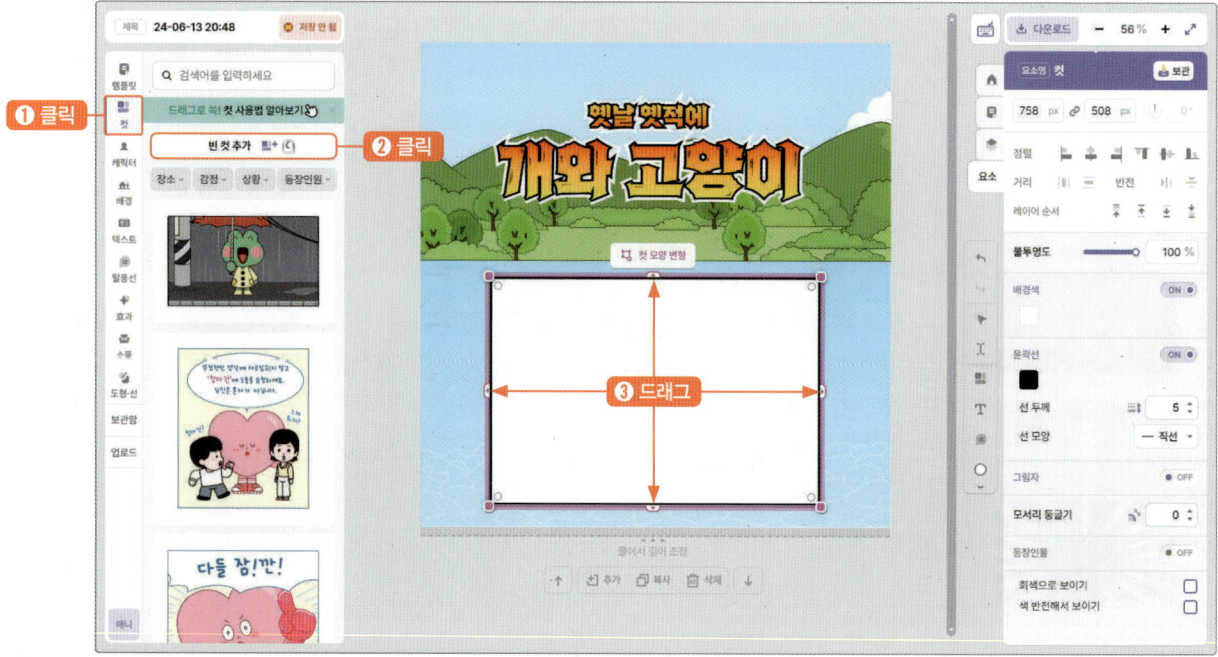

❷ [배경] 메뉴에서 '대결'로 검색한 후 검색된 이미지 중 원하는 것을 선택하고 컷 안으로 드래그해 컷의 배경으로 합니다.

❸ [지우기(✕)]를 클릭해 검색한 키워드를 지운 후 [캐릭터] 메뉴에서 '개'를 입력해 검색합니다. 원하는 캐릭터를 선택하고 컷 안으로 드래그해 추가합니다.

❹ 캐릭터의 [표정과 자세 변경]을 클릭해 캐릭터의 모양을 바꿔줍니다.

❺ 캐릭터의 좌우를 반전시키기 위해 [요소] 메뉴의 [반전]에서 [수평 반전(▶|◀)]을 선택합니다.

Chapter 10. 옛날 옛적에! 개와 고양이 **089**

6 좌우가 반전된 '개' 캐릭터의 크기를 크게 키웁니다.

7 [캐릭터] 메뉴에서 '고양이'로 검색합니다. 검색된 캐릭터 중 원하는 캐릭터를 선택하고 컷 안으로 드래그해 추가합니다.

8 '고양이' 캐릭터의 [표정과 자세 변경]을 클릭해 '고양이'의 모양을 바꾸고 크기와 위치를 정해 놓습니다.

03 컷 밖에서도 보이기

캐릭터와 같은 요소가 컷 밖에서도 보이도록 설정해 봅니다.

① '개' 캐릭터를 선택한 다음 [요소] 메뉴의 [컷 바깥에서도 보이기]를 선택합니다.

② 캐릭터의 귀와 머리 등이 컷 바깥에서도 보이게 바뀝니다.

돋보기 팁 — 컷 바깥에서도 보이기

컷 바깥에서도 보이기는 캐릭터, 소품 등과 같은 요소가 컷 안에 있지만, 컷 바깥에서도 보이도록 만듭니다.

Chapter 10. 옛날 옛적에! 개와 고양이 **091**

❸ '고양이' 캐릭터를 선택한 다음 [요소] 메뉴의 [컷에서 빼기]를 선택합니다.

❹ '고양이' 캐릭터가 컷 바깥으로 나와 '고양이' 캐릭터만 자유롭게 변경할 수 있게 바뀝니다.

돋보기 팁 | 컷에서 빼기

- 컷에서 빼기는 캐릭터, 소품, 텍스트 등과 같은 요소를 컷 바깥으로 내보내는 기능입니다.
- 컷에서 빼기를 한 상태에서 요소를 컷 안으로 드래그하면 다시 컷 안으로 들어갈 수 있습니다.
- 컷에서 뺀 요소를 컷 안으로 들어가지 않게 만들려면 [컷 삽입]의 [ON]을 클릭해 [OFF]로 바꿔줍니다.

CHAPTER 10 재미 팡팡! 레벨 UP

▶ **완성 파일** : 10강 레벨업 완성-1.jpg, 10강 레벨업 완성-2.jpg

● 다음과 같이 컷에 배경과 캐릭터를 삽입한 다음 컷 밖에서 보이도록 설정해 보세요.

! 검색 키워드 : (배경)실망,
　　　　　　　(캐릭터)원숭이,
　　　　　　　(말풍선)낙서

! 검색 키워드 : (배경)동굴,
　　　　　　　(캐릭터)도깨비,
　　　　　　　(말풍선)소리

Chapter 10. 옛날 옛적에! 개와 고양이　**093**

CHAPTER 11 전래동화! 흥부와 놀부

#템플릿 #새로 만들기 #폰트 # 한꺼번에 바꾸기

▶ 완성 파일 : 11강 완성.jpg

오늘의 학습목표

- 템플릿을 추가할 수 있습니다.
- 여러 페이지에 사용된 폰트를 한 번에 바꿀 수 있습니다.

핵심 POINT

▶ 템플릿 추가 : [템플릿] 메뉴 → 원하는 템플릿 클릭 → [전체 적용하기] 클릭

▶ 전체 폰트 바꾸기 : [요소] 메뉴 → [폰트] 클릭 → [같은 폰트 모두 변경] 선택 → 새로운 폰트 선택

01 템플릿 추가하기

여러 페이지로 구성된 템플릿에서 한 페이지 또는 모든 페이지를 추가해 봅니다.

① 망고툰(https://toon.mangoboard.net)에 접속해 [로그인]한 후 [시작하기]를 클릭합니다.

② [템플릿] 메뉴의 [만화 템플릿] 중 [흥부와 놀부] 템플릿을 선택합니다. 템플릿에 포함된 페이지 중 하나를 클릭합니다.

[용도]를 클릭해 [카툰뉴스], [형태]를 클릭해 [정사각형]을 선택하면 쉽게 찾을 수 있어요.

③ 또 다른 페이지를 선택해 삽입하면 선택한 페이지가 삽입되고 이전에 삽입한 페이지는 사라집니다.

Chapter 11. 전래동화! 흥부와 놀부 **095**

④ 템플릿에 포함된 전체 페이지를 작업 페이지에 삽입하기 위해 [전체 적용하기]를 클릭합니다.

⑤ 이전에 작업한 내용이 선택한 템플릿으로 바뀐다는 메시지가 나타납니다. 새로운 템플릿으로 바꾸려면 [적용하기]를 클릭합니다.

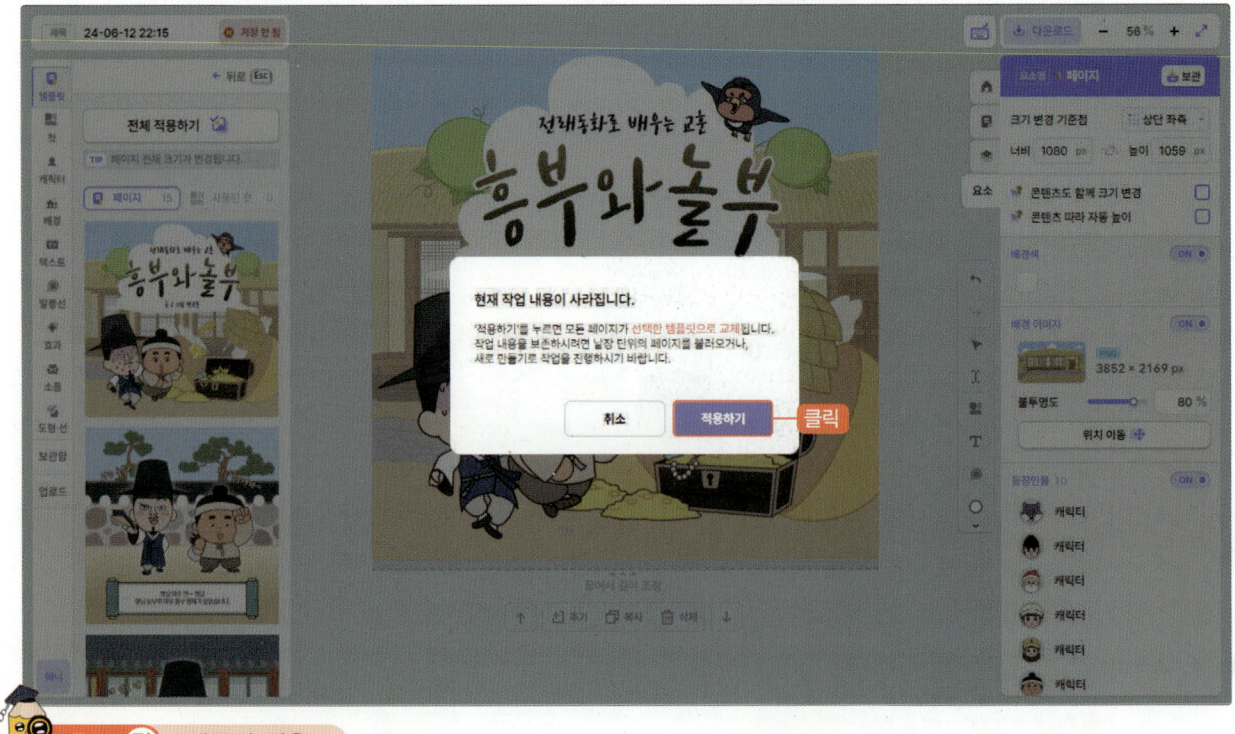

돋보기 팁 템플릿 적용

페이지에 새로운 템플릿을 적용하면 현재 작업 중인 내용이 모두 지워져요. 따라서 새로운 작업이 필요한 경우 [파일] 메뉴에서 [새로 만들기]를 클릭해 새로운 페이지에 템플릿을 적용하는 것이 좋아요.

❻ 선택한 템플릿에 포함된 모든 페이지가 작업 페이지에 추가됩니다.

[작업 페이지]에서 [페이지 위로(↑)]와 [페이지 아래로(↓)]를 클릭하면 페이지를 바꿀 수 있어요.

❼ [페이지] 메뉴를 선택해 작업 페이지에 추가된 모든 페이지를 확인합니다.

돋보기 팁 페이지 메뉴

페이지 메뉴는 작업 페이지에 포함된 페이지를 보여줍니다. 페이지를 선택해 페이지의 순서를 바꾸거나, 페이지의 복사, 삭제를 할 수 있어요.

Chapter 11. 전래동화! 흥부와 놀부 **097**

02 모든 페이지의 폰트를 한 번에 바꾸기

모든 페이지에 있는 폰트를 새로운 폰트로 한 번에 바꿔봅니다.

 페이지에서 폰트를 바꾸려는 텍스트를 클릭한 다음 [요소] 메뉴에서 [폰트]를 선택합니다.

② 폰트 목록에서 [같은 폰트 모두 변경]을 선택한 다음 새로운 폰트를 선택합니다.

 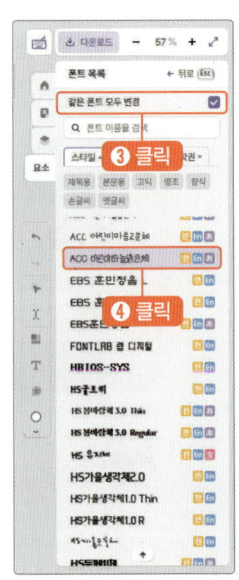

 원하는 폰트를 선택해 보세요. 예제에서는 'ACC 어린이하늘맑은체'를 선택했어요.

③ 슬라이더를 드래그해 다른 페이지를 확인합니다. 다른 페이지의 같은 폰트가 모두 새로운 폰트로 바뀌었습니다.

 [같은 폰트 모두 변경]을 선택하면 전체 페이지의 폰트를 일관성 있게 유지할 수 있어요.

CHAPTER 11 재미 팡팡! 레벨 UP

▶ 완성 파일 : 11강 레벨업 완성-1.jpg

● 다음과 같이 템플릿을 검색한 다음 [전체 적용하기]를 클릭해 보세요.

● 추가한 템플릿의 폰트를 다른 폰트로 모두 바꿔 보세요.

[변경 전]

[변경 후]

Chapter 11. 전래동화! 흥부와 놀부

CHAPTER 12
쌍둥이 아닌데...

#캐릭터 #색상 #표정 #색상 선택

▶ 완성 파일 : 12강 완성.jpg

오늘의 학습목표

- 배경을 불러와 페이지 배경으로 추가할 수 있습니다.
- 캐릭터의 색상 요소를 변경할 수 있습니다.

핵심 POINT

▶ 캐릭터 추가 : [캐릭터] 메뉴 → 원하는 캐릭터 클릭 → 위치 지정

▶ 캐릭터 표정과 자세 바꾸기 : 캐릭터 선택 → [표정과 자세 변경] → 원하는 표정과 자세 선택

▶ 캐릭터 색상 변경 : [요소] 메뉴 → [머리] 색상 클릭 → 색상 사용 부분 확인 → 새로운 색상 선택

페이지의 배경과 캐릭터를 추가해 봅니다.

① 망고툰(https://toon.mangoboard.net)에 접속해 [로그인]한 후 [시작하기]를 클릭합니다.

② [배경] 메뉴에서 '마을'로 검색한 후 원하는 배경을 선택하고 [페이지 배경으로 사용]을 클릭합니다.

③ 페이지 배경이 만들어지면 [지우기(X)]를 클릭해 검색 키워드를 지웁니다.

④ [캐릭터] 메뉴에서 '도깨비'로 검색한 후 원하는 캐릭터를 추가한 다음 드래그해 위치를 정해 놓습니다.

Chapter 12. 쌍둥이 아닌데...

02 캐릭터의 색상 바꾸기

캐릭터에 사용된 색상을 바꿔 새로운 캐릭터를 만들어 봅니다.

❶ '도깨비' 캐릭터를 추가한 후 드래그해 위치를 정해 놓습니다.

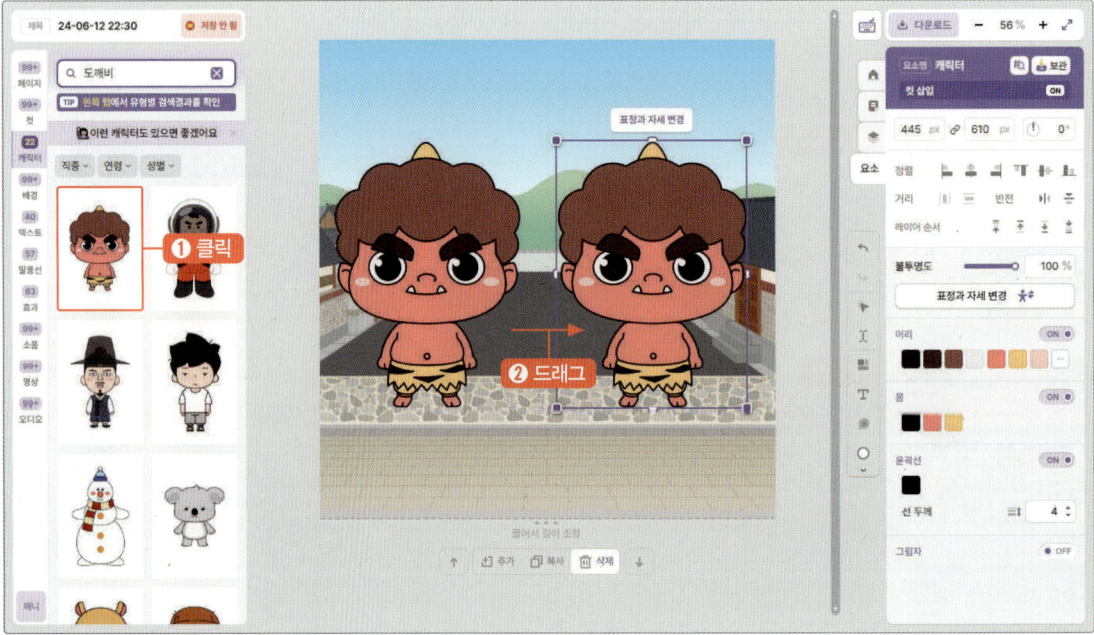

❷ [요소] 탭의 [머리]에서 가장 왼쪽에 있는 색상을 클릭하여 눈동자로 사용할 새로운 색상(#777777)을 입력합니다.

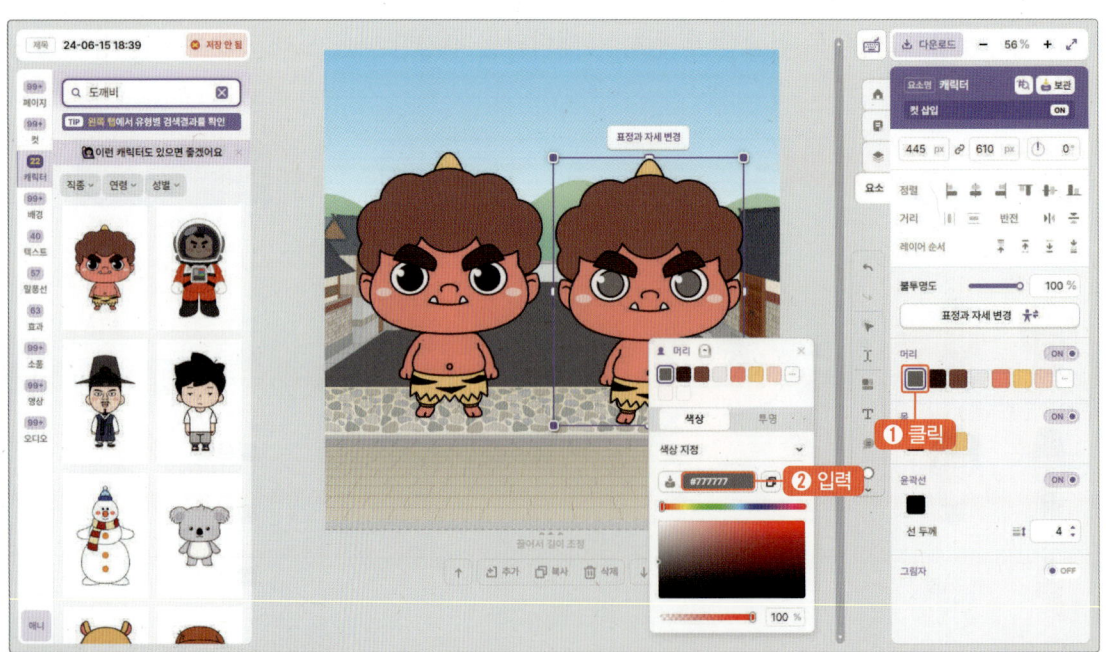

[요소]의 머리, 몸 등의 색상을 선택하면 해당 색상이 사용된 부분이 깜빡여요.

❸ 차례대로 색상을 클릭해 눈썹(#5C5C5C), 머리카락(#000000), 얼굴 피부(#9AB6ED) 색상을 입력합니다.

색상은 자유롭게 선택하세요.

❹ 다음으로 [요소] 메뉴에서 [몸]의 색상을 클릭해 새로운 색상(#9AB6ED)으로 바꿉니다.

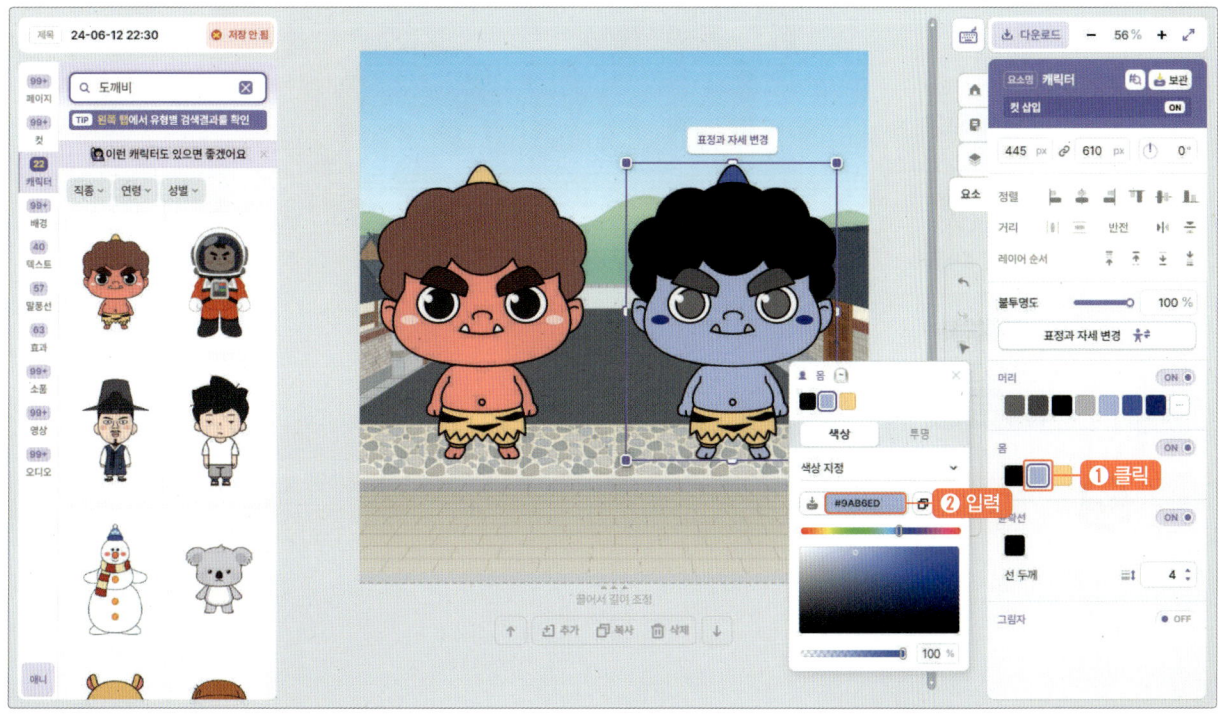

Chapter 12. 쌍둥이 아닌데... **103**

❺ 각각의 캐릭터에서 [표정과 자세 변경]을 클릭하여 새로운 표정과 자세로 캐릭터의 모양을 바꿉니다.

❻ [텍스트] 메뉴를 클릭해 제목을 추가하여 완성합니다.

[텍스트] 메뉴에서 원하는 제목을 선택해 추가하세요.

CHAPTER 12 재미 팡팡! 레벨 UP

▶ 완성 파일 : 12강 레벨업 완성-1.jpg, 12강 레벨업 완성-2.jpg

● 다음과 같이 캐릭터를 추가한 다음 원하는 색상으로 바꿔 새로운 캐릭터를 만들어 보세요.

❗ 검색 키워드 : (캐릭터)돼지, (배경)시골, (텍스트)타이틀

❗ 검색 키워드 : (캐릭터)히어로, (배경)바다, (텍스트)타이틀

Chapter 12. 쌍둥이 아닌데... **105**

CHAPTER 13 나눌 수 없는 것~!

#컷 #소품 #빈 컷 #효과 #표정 #자세

▶ 완성 파일 : 13강 완성.jpg

오늘의 학습목표

- 컷을 추가하고 복사할 수 있습니다.
- 캐릭터와 소품, 효과 등을 추가할 수 있습니다.
- 소품의 색상을 바꿀 수 있습니다.

핵심 POINT

▶ 컷에 소품 삽입 : [소품] 메뉴 → 원하는 소품 클릭 → [컷]으로 드래그

▶ 효과 삽입 : [효과] 메뉴 → 원하는 효과 클릭 → [컷]으로 드래그

01 컷과 캐릭터 삽입하기

페이지에 컷과 캐릭터를 추가해 봅니다.

① 망고툰(https://toon.mangoboard.net)에 접속해 [로그인]한 후 [시작하기]를 클릭합니다.

② 컷을 추가하기 위해 [컷] 메뉴에서 [빈 컷 추가]를 클릭합니다. 그리고 삽입된 컷의 크기를 모서리와 선의 조절점을 사용하여 바꿉니다.

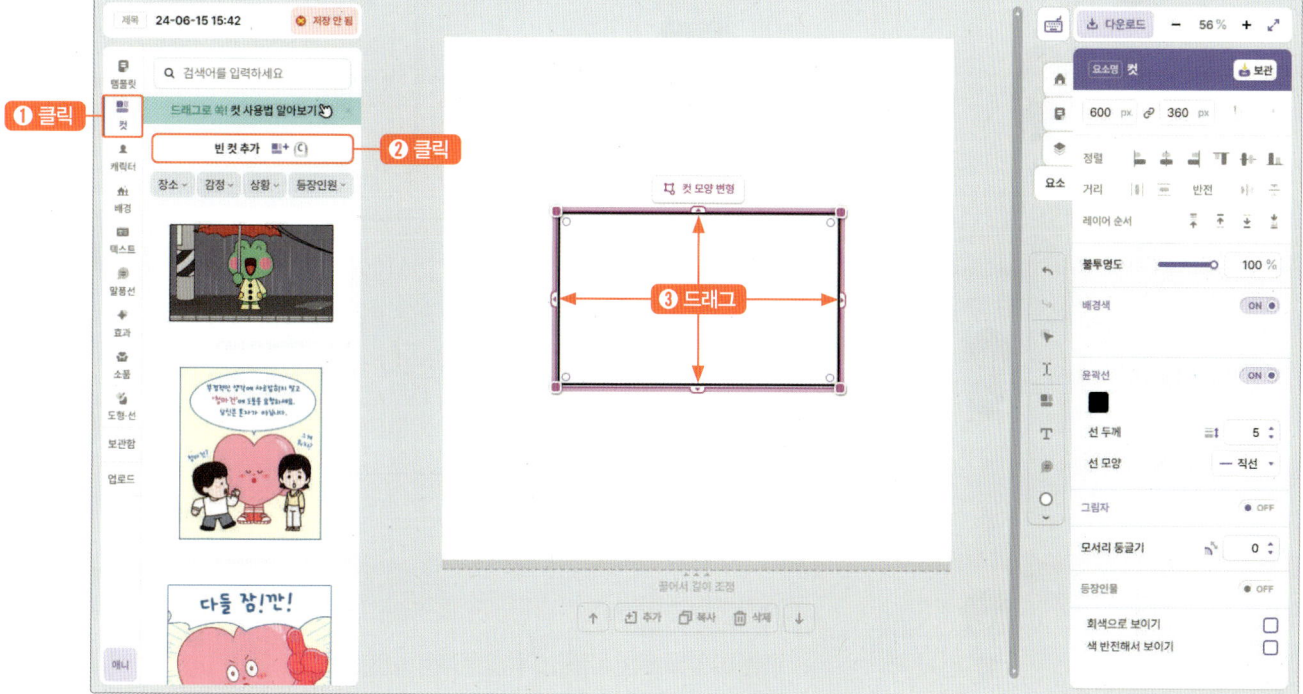

③ 컷을 드래그해 위치를 정한 다음 Ctrl+C를 눌러 복사합니다.

④ Ctrl+V를 눌러 붙여 넣은 다음 복사한 컷을 드래그해 위치를 정해 놓습니다.

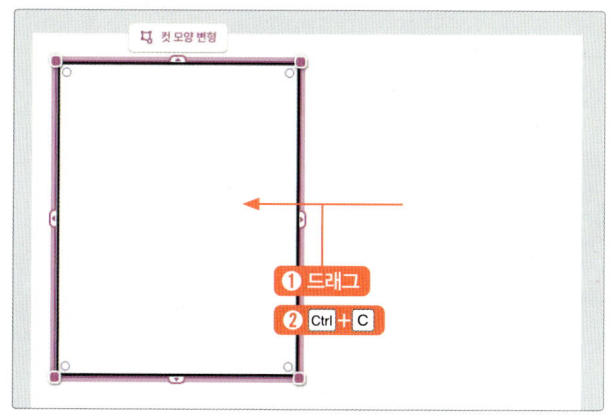
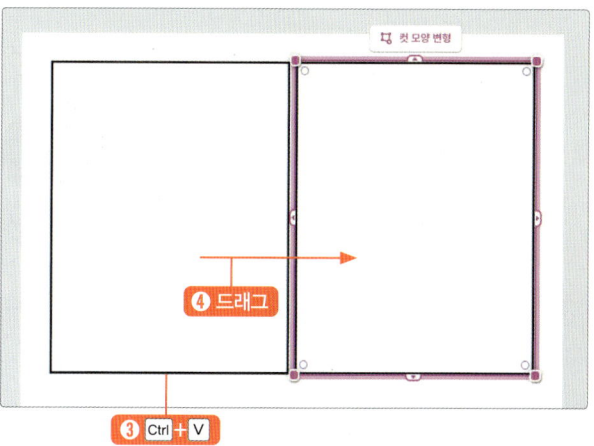

Chapter 13. 나눌 수 없는 것~! **107**

❺ [캐릭터] 메뉴를 선택해 캐릭터를 삽입하고 [표정과 자세 변경]을 클릭해 캐릭터의 모양을 정해 놓습니다.

❻ [요소] 메뉴의 [반전]에서 [수평 반전(◀▶)]을 클릭한 후 캐릭터를 컷 안에 삽입합니다.

❼ 새로운 캐릭터를 선택해 삽입하고 [표정과 자세 변경]을 클릭해 새로운 캐릭터의 모양을 정한 다음 컷 안에 삽입합니다.

02 소품과 효과 삽입하기

소품과 효과를 삽입해 컷을 꾸며봅니다.

① [소품] 메뉴에서 '우산'으로 검색한 후 원하는 이미지를 선택해 페이지에 삽입합니다.

② 페이지에 추가된 '우산'을 드래그해 컷에 삽입하고 위치를 정해 놓습니다.

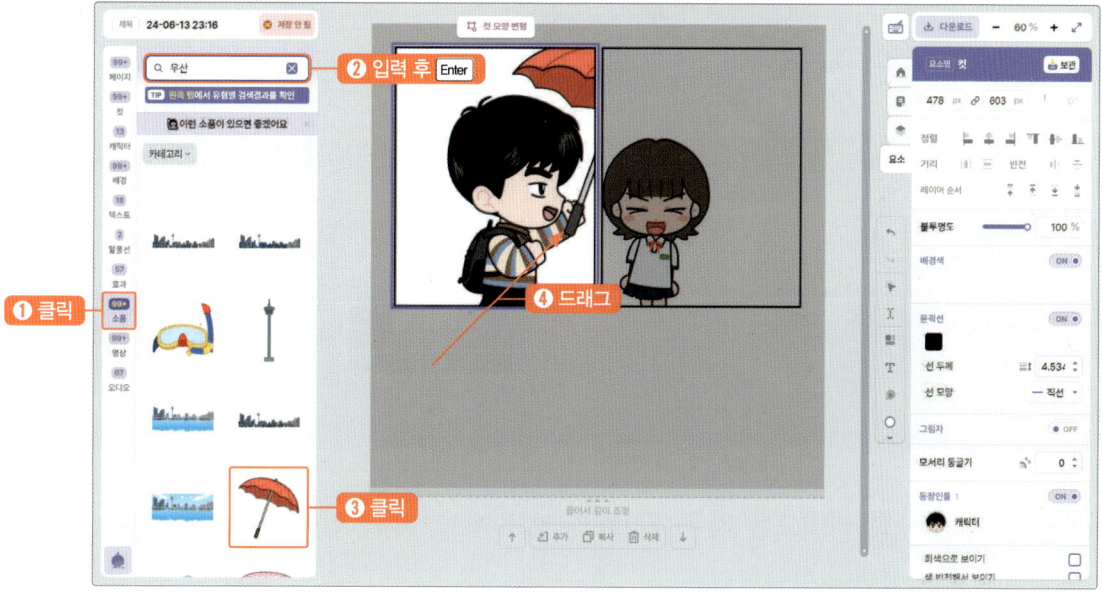

③ 또 다른 '우산'을 오른쪽 컷에 삽입한 후 드래그해서 위치를 정해 놓습니다.

Chapter 13. 나눌 수 없는 것~! **109**

④ 추가한 우산을 선택하고 [요소] 탭의 [색상]을 클릭합니다. [색상 지정]을 클릭하면 보이는 아래 목록 중 [샘플 팔레트]를 선택해 원하는 색상을 클릭합니다. 우산의 다른 색상도 클릭해 색을 바꿔줍니다.

⑤ [지우기(✕)]를 클릭해 검색한 키워드를 지운 후 [효과] 메뉴에서 '비'를 입력해 검색합니다. 검색된 이미지중 원하는 이미지를 선택해 삽입합니다.

⑥ 페이지에 추가된 효과를 드래그해 컷에 삽입하고 위치를 정해 놓습니다. 같은 방법으로 다른 컷에도 효과를 추가해 완성합니다.

CHAPTER 13 재미 팡팡! 레벨 UP

▶ **완성 파일** : 13강 레벨업 완성-1.jpg, 13강 레벨업 완성-2.jpg

● 다음과 같이 컷에 캐릭터와 소품을 추가해 장면을 만들어 보세요.

❗ 검색 키워드 : (캐릭터)캥거루, 토끼, (효과)비, (소품)태양, 우산

❗ 검색 키워드 : (배경)도시, 조선, (캐릭터)청년, 여학생, 삼일절, (소품)태극기

CHAPTER 14 조선부터 핫했던 닉네임

#텍스트 #윤곽선 #이중 윤곽선 #그라데이션

오늘의 학습목표

▶ 완성 파일 : 14강 완성.jpg

- 텍스트의 윤곽선을 이중 윤곽선으로 바꿀 수 있습니다.
- 다양한 색상 선택 방법을 알 수 있습니다.
- 텍스트의 색상에 그라데이션을 적용할 수 있습니다.

핵심 POINT

▶ 텍스트 윤곽선 : [요소] 메뉴 → [텍스트 윤곽선]의 [OFF]를 클릭해 [ON]으로 변경

▶ 텍스트 그라데이션 효과 : [요소] 메뉴 → [색상] 클릭 → [그라데이션] 클릭 → 원하는 샘플 그라데이션 선택

01 배경과 캐릭터 추가

페이지에 배경과 캐릭터를 추가해 봅니다.

❶ 망고툰(https://toon.mangoboard.net)에 접속해 [로그인]한 후 [시작하기]를 클릭합니다.

❷ [배경] 메뉴에서 '조선'으로 검색한 후 원하는 배경을 선택하고 [페이지 배경으로 사용]을 클릭합니다.

❸ [캐릭터] 메뉴를 선택하여 원하는 캐릭터를 추가해 표정과 자세를 바꾼 후 [지우기(X)]를 클릭해 검색한 키워드를 삭제합니다.

Chapter 14. 조선부터 핫했던 닉네임 **113**

02 텍스트 꾸미기

텍스트에 이중 윤곽선을 넣고 색상을 바꿔 꾸며 봅니다.

① [텍스트] 메뉴를 선택한 다음 [텍스트 추가]를 클릭합니다.

② "조선시대부터 핫했던"을 입력한 다음 드래그해 위치를 정해 놓습니다.

③ 텍스트의 색상을 바꾸기 위해 [요소] 탭에서 [텍스트 색상]을 클릭합니다.

④ [색상 지정]에서 ⌄를 클릭해 [샘플 팔레트]를 선택합니다.

❺ [샘플 팔레트]에서 원하는 색상을 선택하여 텍스트의 색상을 바꿉니다.

❻ 폰트를 바꾸기 위해 [요소] 탭에서 폰트를 클릭한 후 폰트 이름 검색창에 '넥슨'을 입력해 검색합니다.

❼ 검색된 폰트 목록 중에서 원하는 폰트를 선택하여 텍스트의 폰트를 바꿉니다.

Chapter 14. 조선부터 핫했던 닉네임 **115**

❽ 텍스트를 꾸며주기 위해 [요소] 메뉴에서 [텍스트 윤곽선]의 [OFF]를 클릭해 [ON]으로 바꿉니다. 이렇게 하면 텍스트에 윤곽선이 만들어집니다.

❾ [이중 윤곽선(가나다)]을 선택한 후 텍스트의 윤곽선 색상이 두 개로 바뀌면, 왼쪽에 있는 안쪽 윤곽선 색상을 클릭해 색상(#FFFFFF)을 정합니다.

⑩ 그리고 오른쪽에 있는 바깥쪽 윤곽선 색상을 클릭해 색상(#FF9100)을 정합니다.

⑪ 텍스트를 추가하기 위해 [텍스트 추가]를 클릭한 후 '닉네임'이라고 입력합니다.

⑫ 추가한 텍스트의 폰트와 크기를 바꾼 후 드래그해 위치를 정해 놓습니다.

Chapter 14. 조선부터 핫했던 닉네임 **117**

⑬ 텍스트 색상과 텍스트 윤곽선의 색상을 바꾸어 꾸밈 효과를 줍니다.

예제에서는 텍스트 색상(#EF4D4D), 이중 텍스트 윤곽선 색상(#FFFFFF, #DD5E17)을 사용했어요.

⑭ [텍스트 추가]를 클릭하여 '호'라고 입력한 후 텍스트 색상과 폰트, 크기, 텍스트 윤곽선을 바꾸고 드래그해 위치를 정해 놓습니다.

예제에서는 텍스트 색상(#BF8733), 폰트(넥슨 메이플스토리 B), 크기(300), 이중 텍스트 윤곽선 색상(#FFFFFF, #DD5E17)을 사용했어요.

03 텍스트에 그라데이션 효과 넣기

도형과 텍스트를 추가하고 그라데이션 효과를 넣어 꾸며 봅니다.

1. [도형·선] 메뉴를 선택한 다음 [사각형]을 클릭해 추가합니다.

2. 사각형을 드래그해 크기와 위치를 정하고 [요소] 메뉴를 선택해 [모서리 둥글기]를 넣어 줍니다.

3. 도형의 색상은 [요소] 메뉴의 [색상]에서 [그라데이션]을 선택합니다. [그라데이션 지정]을 클릭해 [샘플 그라데이션]을 선택한 후 원하는 색상을 클릭합니다.

Chapter 14. 조선부터 핫했던 닉네임　**119**

④ [텍스트 추가]를 클릭해 "이름부르면 혼난다!!"라고 입력하고 폰트와 크기를 바꾼 후 드래그해 위치를 정해 놓습니다.

⑤ 색상을 클릭해 [샘플 그라데이션]에서 원하는 색상을 클릭합니다.

예제에서는 폰트(넥슨 메이플스토리 B), 크기(45), 텍스트 색상(샘플 그라데이션), 이중 텍스트 윤곽선 색상(#FFFFFF, #DD5E17)을 사용했어요.

⑥ 마지막으로 [말풍선] 메뉴에서 다양한 말풍선을 추가하고 폰트와 텍스트 색상, 텍스트 테두리 색상 등을 정해 꾸며줍니다.

CHAPTER 14 재미 팡팡! 레벨 UP

▶ **완성 파일** : 14강 레벨업 완성-1.jpg, 14강 레벨업 완성-2.jpg

● 다음과 같이 배경과 캐릭터를 추가해 장면을 만들고 텍스트에 효과를 적용해 보세요.

❗ 검색 키워드 : (배경)명절, (캐릭터)명절

❗ 검색 키워드 : (배경)할로윈, (캐릭터)할로윈, (소품)치과

Chapter 14. 조선부터 핫했던 닉네임 **121**

CHAPTER 15 해피 할로윈

#컷 바깥 #컷에서 빼기 #컷 삽입 중지 #페이지 복사

▶ 완성 파일 : 15강 완성.png

오늘의 학습목표

- 캐릭터나 요소를 컷 바깥에서 보이도록 만들 수 있습니다.
- 캐릭터나 요소의 일부만 바깥에서 보이도록 만들 수 있습니다.
- 페이지를 복사할 수 있습니다.

핵심 POINT

▶ 컷 밖에서 보이기 : [요소] 메뉴 → 컷 바깥에서 보이기
▶ 컷에서 빼기 : [요소] 메뉴 → 컷에서 빼기
▶ 컷 삽입 중지 : [요소] 메뉴 → [컷 삽입]을 클릭해 [ON]을 [OFF]로 변경
▶ 페이지 복사 : 작업 페이지의 [복사] 클릭

01 배경, 캐릭터 추가하여 컷 만들기

컷을 추가하고 컷에 삽입된 텍스트가 컷 바깥에서도 보이도록 만들어 봅니다.

① 망고툰(https://toon.mangoboard.net)에 접속해 [로그인]한 후 [시작하기]를 클릭합니다.

② [컷] 메뉴에서 [빈 컷 추가]를 클릭한 후 컷의 크기를 크게 만들어 줍니다.

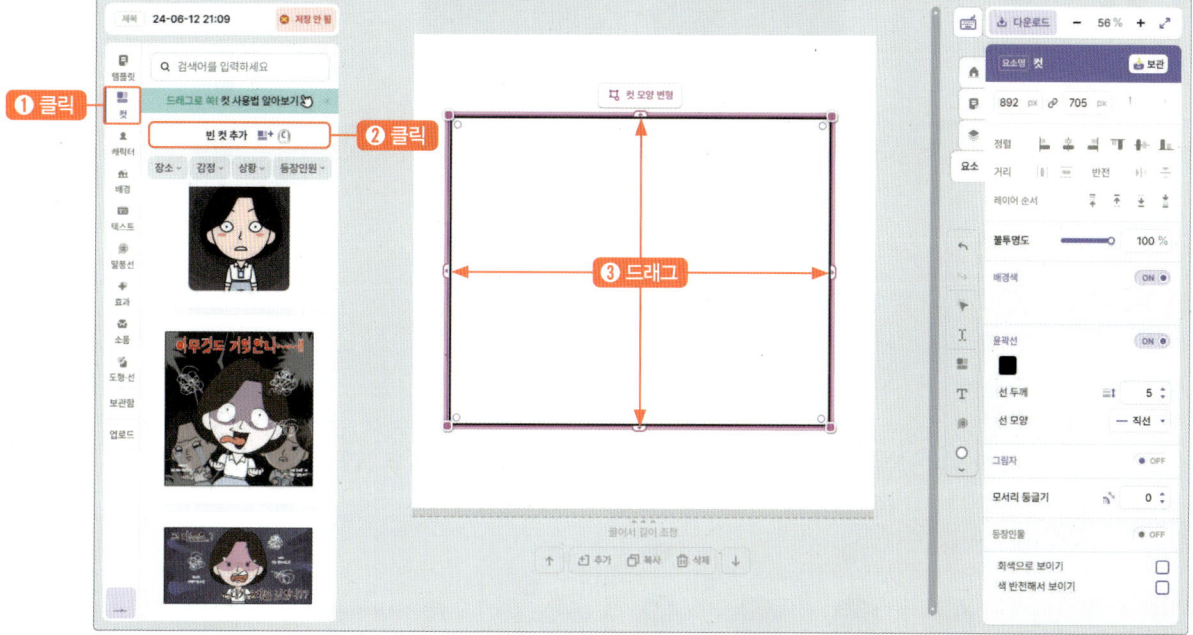

③ [배경] 메뉴에서 '할로윈'으로 검색한 후 원하는 이미지를 선택해 삽입합니다.

④ 삽입된 이미지를 드래그 해 컷의 배경 이미지로 넣은 후 크기와 위치를 조절합니다.

Chapter 15. 해피 할로윈 **123**

❺ [캐릭터] 메뉴에서 원하는 캐릭터를 선택해 추가한 후 [표정 및 자세 변경]을 클릭합니다.

❻ 표정과 자세를 선택할 수 있는 창이 열리면 원하는 모양으로 선택한 후 [확인]을 클릭합니다.

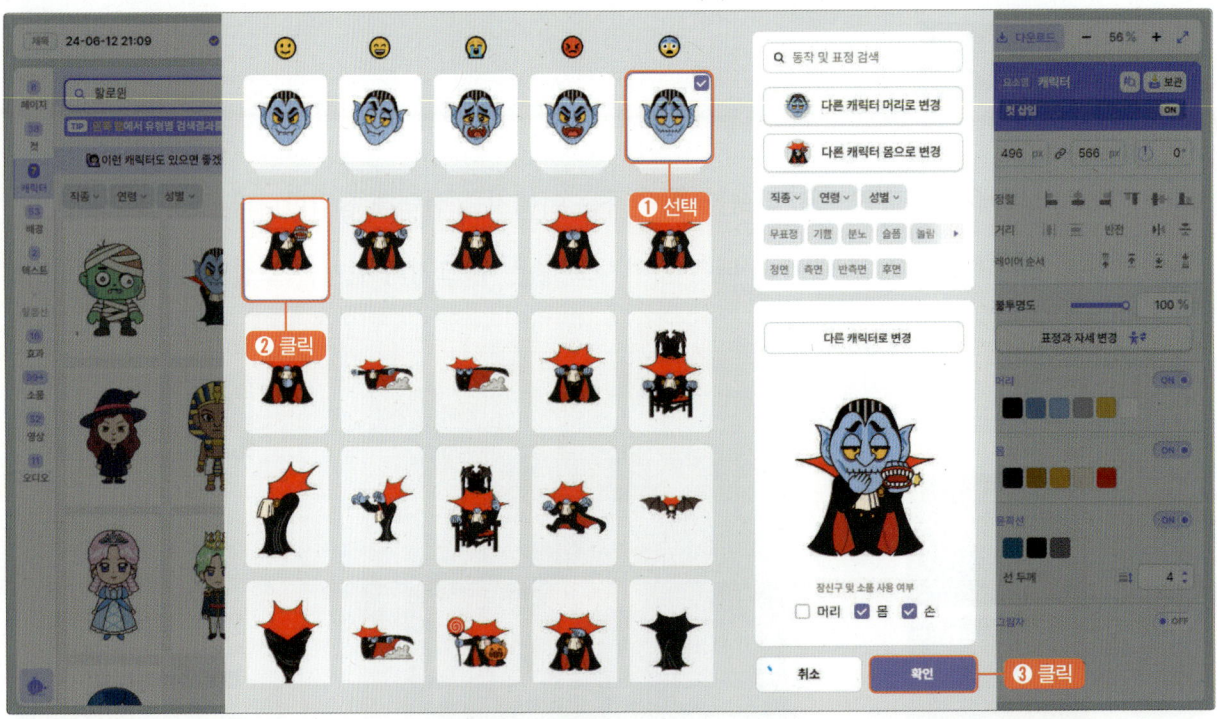

❼ 완성된 캐릭터를 컷 안으로 드래그해 삽입합니다.

❽ 컷에 어울리는 텍스트 효과를 넣기 위해 [텍스트] 메뉴의 텍스트를 드래그해 컷에 삽입합니다.

❾ 컷 안에 삽입된 텍스트가 컷의 밖에서도 보이도록 [컷 바깥에서도 보이기]를 클릭하여 완성합니다.

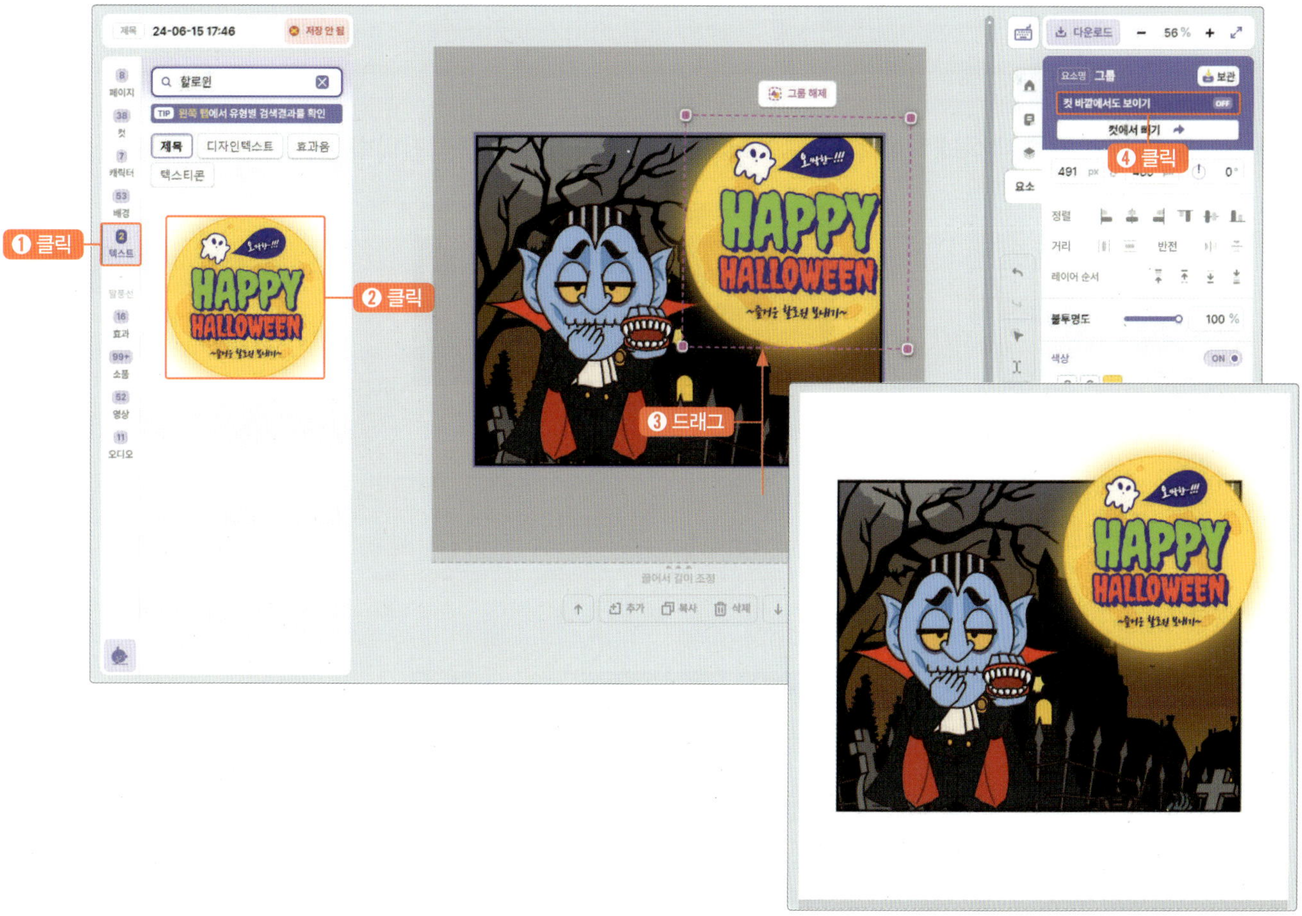

Chapter 15. 해피 할로윈 **125**

02 페이지 복사하기

완성된 페이지를 복사한 후 캐릭터 모양을 바꿔 새롭게 만들어 봅니다.

❶ 완성된 페이지를 복사해 새로운 페이지를 만들기 위해 작업 페이지 아래에 있는 [복사]를 클릭합니다.

❷ 처음 완성된 페이지 아래쪽에 같은 모양의 새로운 페이지가 만들어집니다.

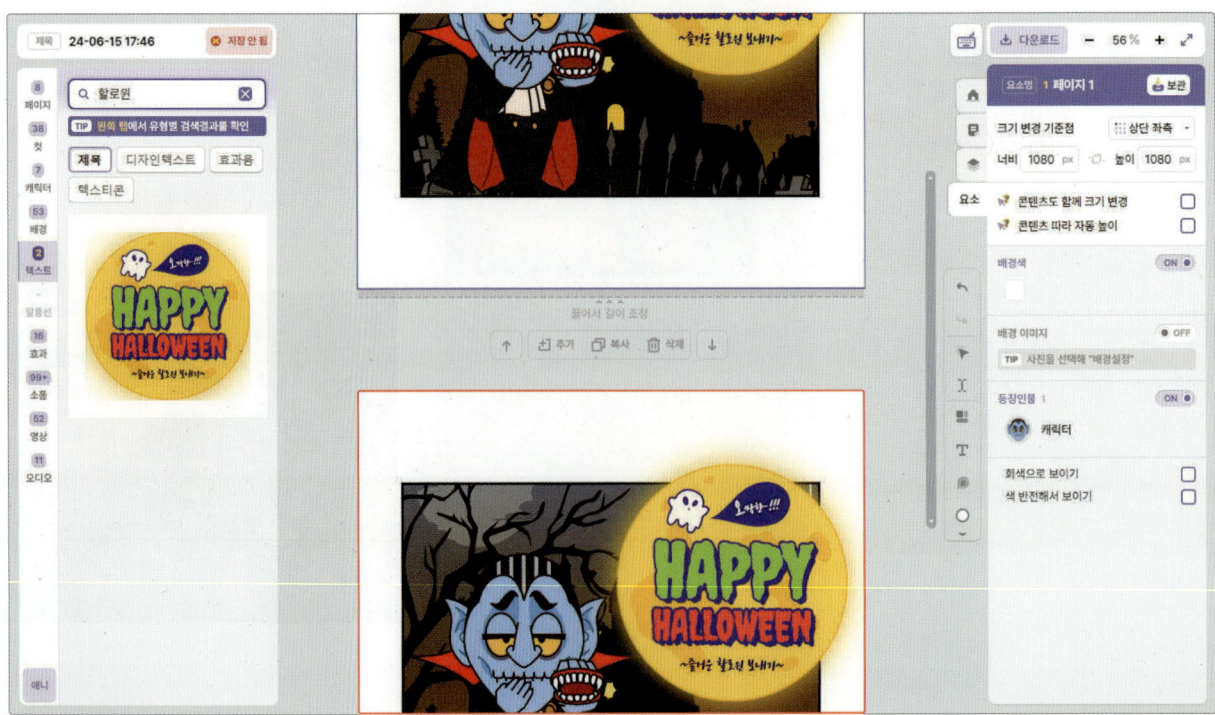

03 얼굴만 밖에서 보이기

캐릭터의 얼굴만 컷 밖에 보이도록 만들어 봅니다.

① 복사된 작업 페이지에서 [텍스트]를 클릭해 크기를 줄이고 드래그해 위치를 바꿉니다.

② 캐릭터를 선택한 후 [표정과 자세 변경]을 클릭해 캐릭터의 표정과 자세를 바꿉니다.

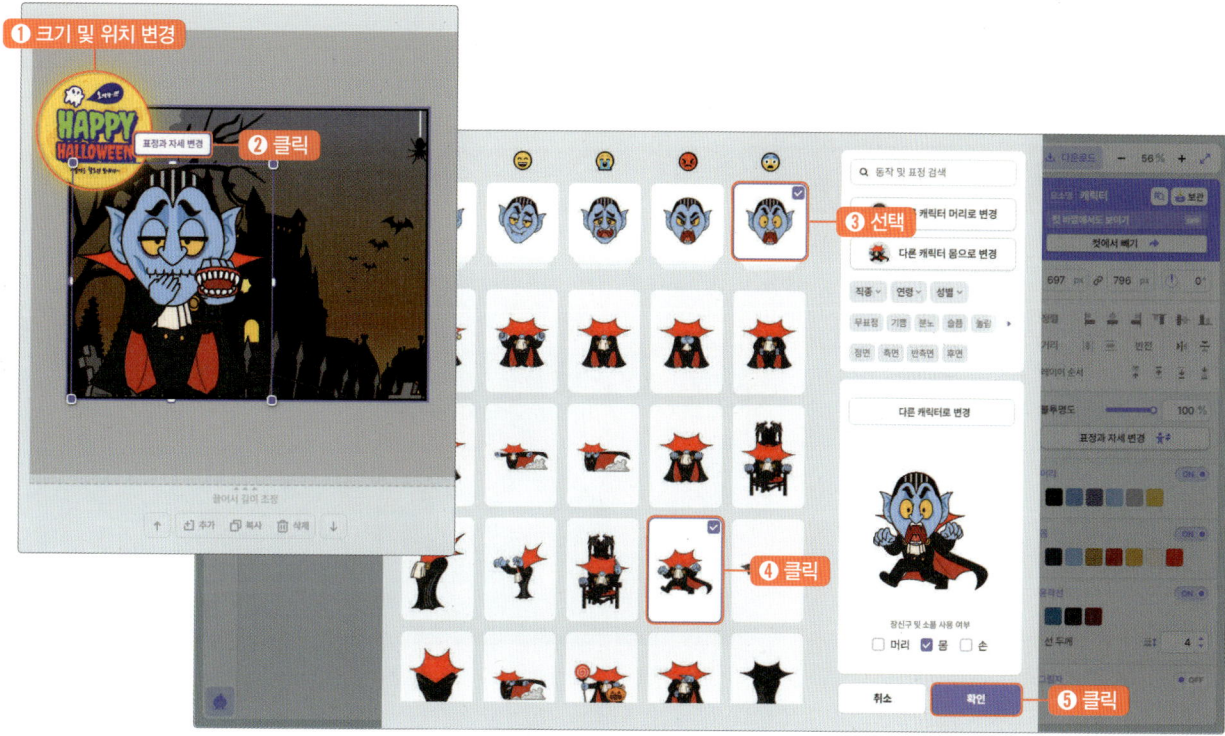

③ 모서리의 조절점을 드래그해 캐릭터의 크기를 키운 다음 Ctrl + C 를 눌러 복사합니다.

④ Ctrl + V 를 눌러 복사한 캐릭터를 붙여 넣은 다음 드래그해 위치를 정해 놓습니다.

Chapter 15. 해피 할로윈 **127**

⑤ 복사한 캐릭터를 선택한 다음 [요소] 탭에서 [머리]의 [ON]을 클릭해 [OFF]로 바꿉니다.

⑥ 원본 캐릭터를 선택한 다음 [컷 밖에서도 보이기]를 선택한 후 [요소] 탭에서 [몸]의 [ON]을 클릭해 [OFF]로 바꿉니다.

⑦ 머리를 몸 위로 드래그해 위치를 정하면 얼굴만 컷 밖에서 보이도록 만들 수 있습니다.

CHAPTER 15 재미 팡팡! 레벨 UP

▶ **완성 파일** : 15강 레벨업 완성-1.jpg, 15강 레벨업 완성-2.jpg

● 다음과 같이 컷에 배경과 캐릭터를 삽입해 장면을 만들고 캐릭터의 일부분이 컷 바깥에서 보이도록 만들어 보세요.

❗ 검색 키워드 : (배경)우주, (캐릭터)히어로

❗ 검색 키워드 : (캐릭터)수달, 고양이

Chapter 15. 해피 할로윈 **129**

CHAPTER 16 나의 꿈은!!!

#파일 #업로드 #필터

▶ 예제 파일 : 16강 예제.png ▶ 완성 파일 : 16강 완성.jpg

오늘의 학습목표

- 작품을 만들기 위해 필요한 사진 등 파일을 업로드할 수 있습니다.
- 사진에 필터 효과를 적용할 수 있습니다.

핵심 POINT

▶ 파일 업로드 : [업로드] 메뉴 → [내 파일 업로드] 클릭 → 파일 선택
▶ 필터 적용 : [요소] 메뉴 → [사진 보정] → [기본 필터] → 원하는 필터 선택

01 페이지 배경과 캐릭터 삽입하기

페이지 배경으로 사용할 이미지와 캐릭터를 추가하고 캐릭터의 머리를 숨겨 봅니다.

❶ 망고툰(https://toon.mangoboard.net)에 접속해 [로그인]한 후 [시작하기]를 클릭합니다.

❷ [배경] 메뉴에서 '우주'로 검색한 후 원하는 이미지를 선택하고 [페이지 배경으로 사용]을 클릭합니다.

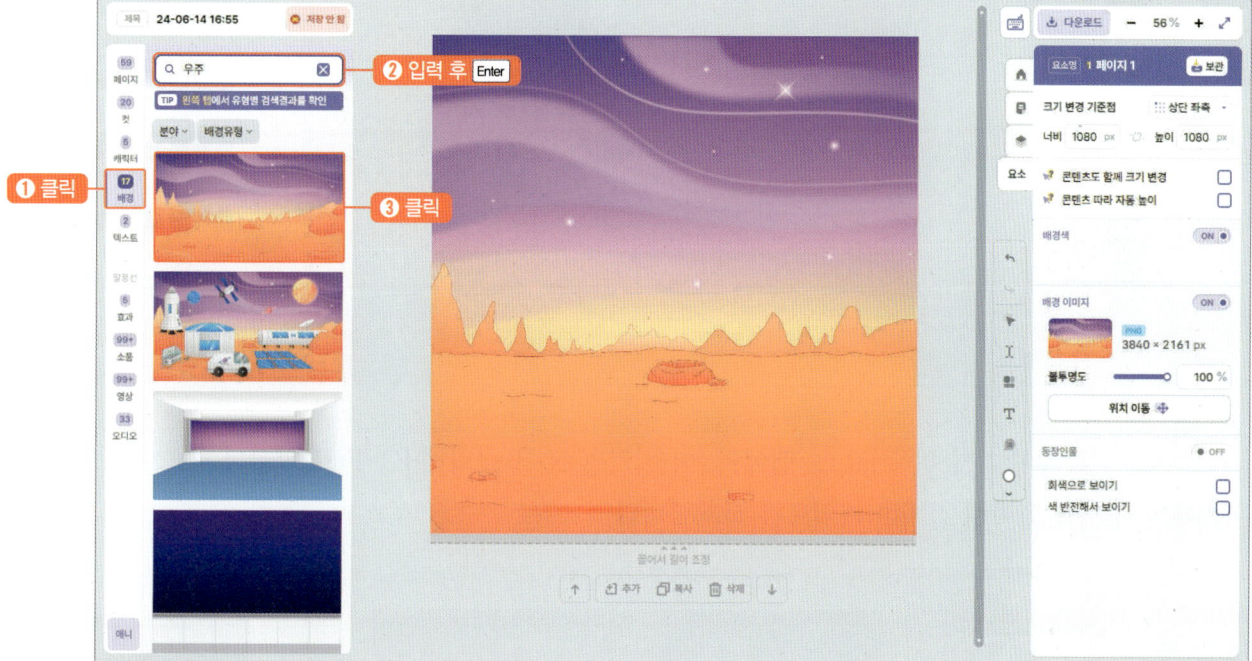

❸ [캐릭터] 메뉴에서 원하는 캐릭터를 선택하고 [표정과 자세 변경]을 클릭해 캐릭터의 모양을 바꿉니다.

Chapter 16. 나의 꿈은!!! **131**

4 캐릭터를 드래그해 크기와 위치를 정해 놓습니다.

5 캐릭터의 머리를 숨기기 위해 [요소] 탭에서 [머리]의 [ON]을 클릭해 [OFF]로 바꿉니다. 그리고 난 후 [지우기(❌)]를 클릭해 검색한 키워드를 삭제합니다.

02 내 파일 업로드하기

파일을 업로드해 내 사진으로 캐릭터의 얼굴을 만들고 필터를 적용해 봅니다.

❶ 사진을 업로드하기 위해 [업로드] 메뉴의 [내 파일 업로드]를 클릭합니다.

[업로드] 메뉴가 나타나지 않으면 [지우기(❌)]를 클릭해 검색한 키워드를 삭제해요.

❷ [열기] 대화상자가 나타나면 업로드할 파일을 선택하고 [열기]를 클릭합니다.

❸ 파일이 업로드되면서 작업 페이지에 이미지가 추가됩니다.

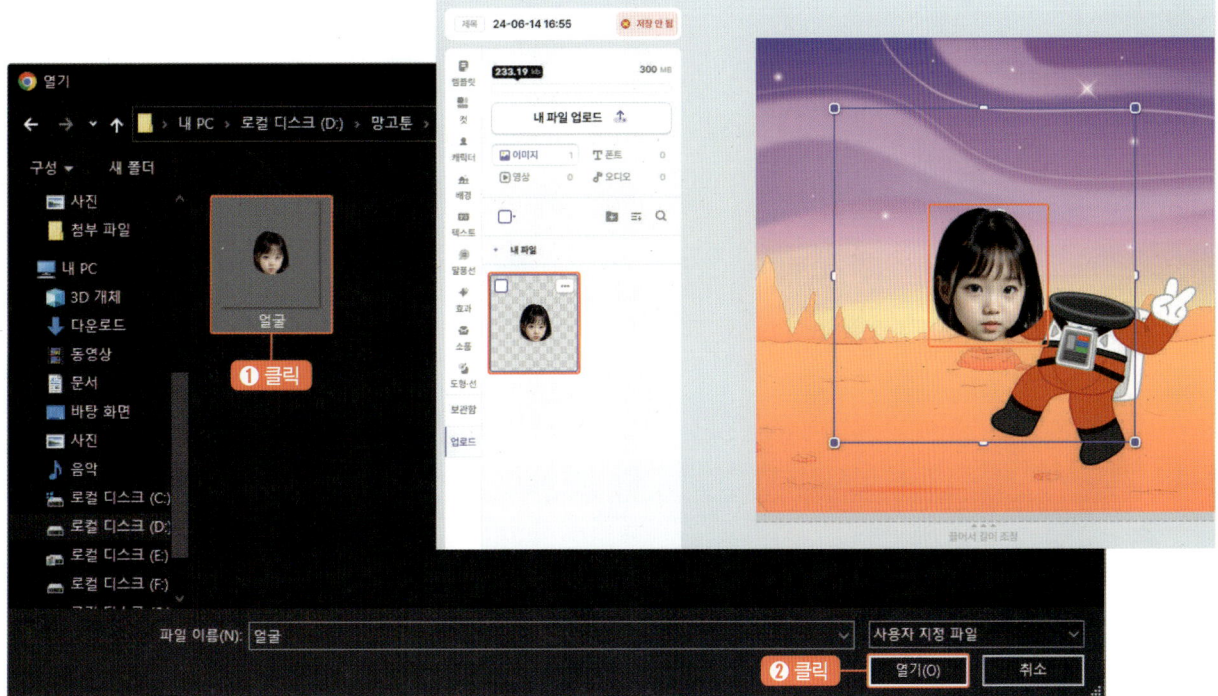

Chapter 16. 나의 꿈은!!! **133**

④ 얼굴 사진을 드래그해 위치를 정한 다음 모서리를 드래그해 회전합니다.

⑤ 사진을 흐리게 꾸미기 위해 [요소] 메뉴의 [사진 보정]의 [OFF]를 클릭해 [ON]으로 바꾸고 [기본 필터]를 선택한 다음 [차분하게]를 클릭합니다.

 기본 필터

기본 필터는 사진을 부드럽게 하거나, 흐릿하게 하는 등 이미지를 수정할 때 사용하는 기능입니다.

❻ 사진에서 어색한 부분을 감추기 위해 [소품] 메뉴에서 '우주'로 검색합니다. 소품을 드래그해 크기와 위치를 정한 다음 회전하여 이미지에 맞춰 줍니다.

❼ [지우기(❌)]를 클릭해 검색한 키워드를 지운 후 도형과 텍스트를 이용해 제목을 만듭니다. 그리고 소품을 추가해 완성합니다.

Chapter 16. 나의 꿈은!!! **135**

CHAPTER 16 재미 팡팡! 레벨 UP

▶ 완성 파일 : 16강 레벨업 완성-1.jpg, 16강 레벨업 완성-2.jpg

● 다음과 같이 배경과 캐릭터를 삽입한 다음 사진을 이용해 장면을 만들어 보세요.

! 검색 키워드 : (배경)공주, (캐릭터)공주, (텍스트)공주, (소품)투구

! 검색 키워드 : (탬플릿)삼일절

PART 03
망고툰 애니메이션 만들기

CHAPTER 17 제발, 그만 따라와!!

#애니메이션 #배경 #캐릭터 #머리 #몸 #파일 형식

▶ 완성 파일 : 17강 완성.gif

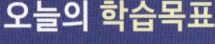
오늘의 학습목표

- 애니메이션 에디터를 실행할 수 있습니다.
- 캐릭터의 얼굴과 몸에 애니메이션을 적용할 수 있습니다.
- 캐릭터에 기본 애니메이션을 적용할 수 있습니다.

동영상

핵심 POINT

▶ 애니메이션 에디터 실행 : [애니메이션 설정] 클릭
▶ 머리와 몸 애니메이션 적용 : [애니] 메뉴 → [캐릭터 애니메이션]의 [추가] 클릭 → [머리(또는 몸) 애니메이션 추가] 클릭
▶ 기본 애니메이션 적용 : [애니] 메뉴 → [기본 애니메이션]의 [추가] 클릭

01 페이지 배경과 캐릭터 추가하기

애니메이션의 배경으로 사용할 이미지와 캐릭터를 추가해 봅니다.

① 망고툰(https://toon.mangoboard.net)에 접속해 [로그인]한 후 [시작하기]를 클릭합니다.

② [배경] 메뉴에서 '담벼락'으로 검색한 후 원하는 배경을 선택하고 [페이지 배경으로 사용]을 클릭합니다. 배경이 만들어지면 [지우기()]를 클릭해 검색 키워드를 지웁니다.

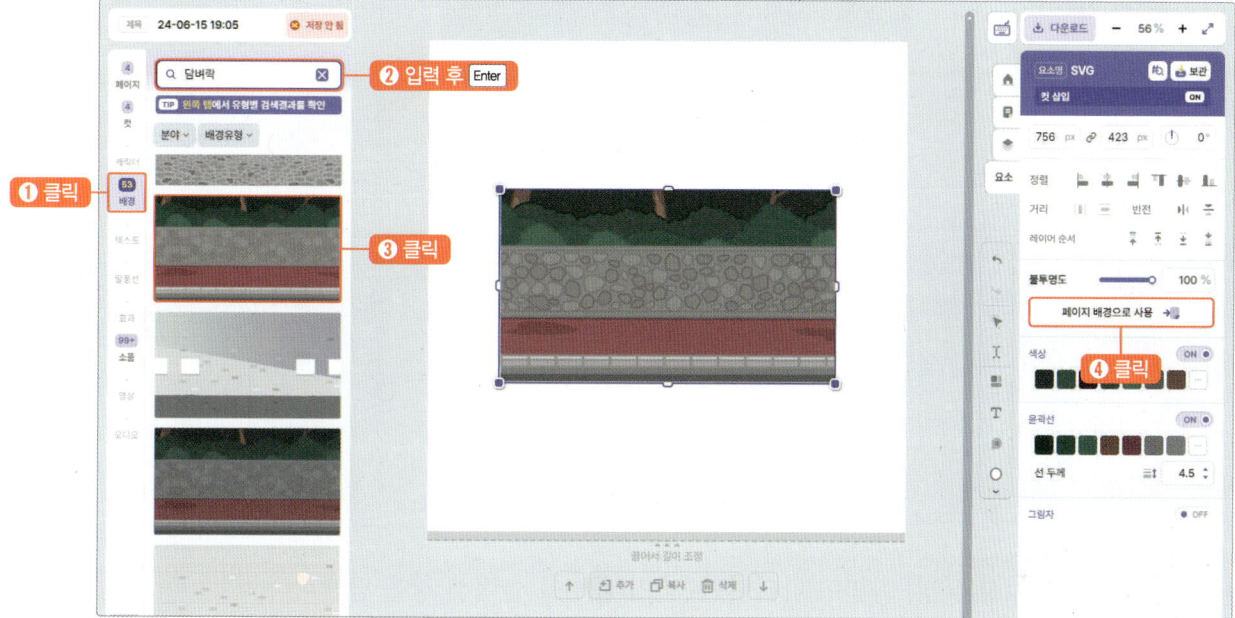

③ [캐릭터] 메뉴에서 '강아지'와 '검사'로 검색해 원하는 이미지를 선택해 추가합니다. 추가된 캐릭터에서 [표정과 자세 변경]을 클릭해 캐릭터의 모양을 바꾸고 난 후 드래그해 위치와 크기를 정해 놓습니다.

Chapter 17. 제발, 그만 따라와!! **139**

02 애니메이션 만들기

캐릭터에 애니메이션을 적용해 움직이도록 만들어 봅니다.

❶ 애니메이션을 적용하기 위해 [애니메이션 설정()]을 클릭합니다.

❷ [10초 팁: 애니메이션 설정] 화면이 나타나면 [닫기(✖)]를 클릭해 창을 닫습니다.

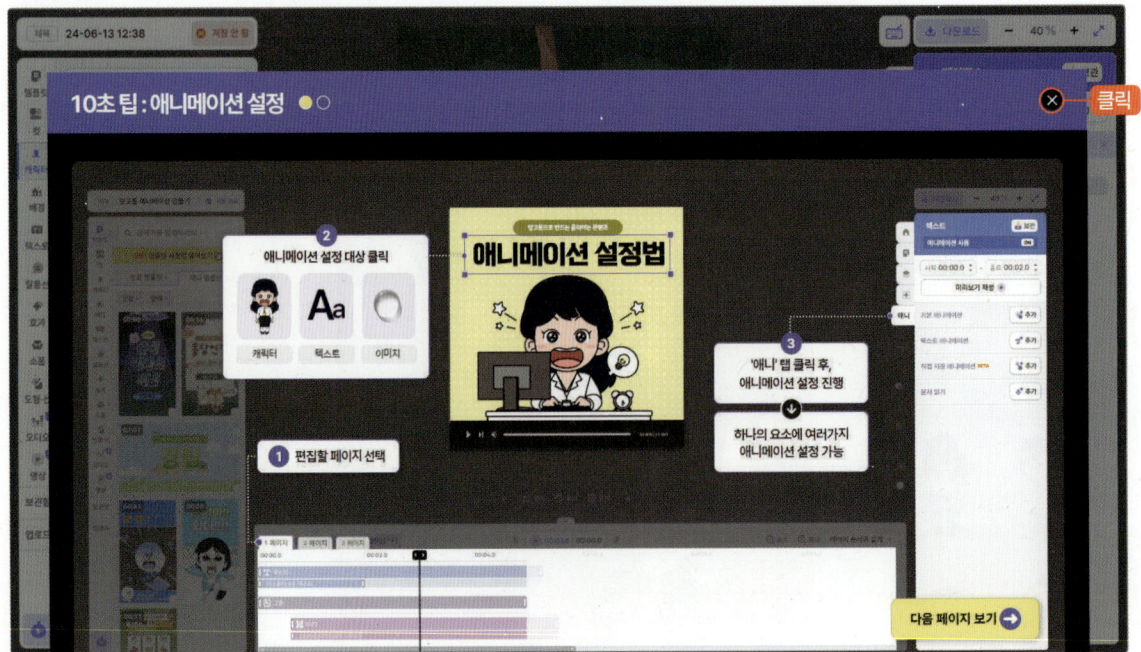

 [다음 페이지 보기]를 클릭한 후 [다음부터 이 창을 뜨지 않게 함]을 선택하면 [10초 팁: 애니메이션 설정] 화면이 나타나지 않아요.

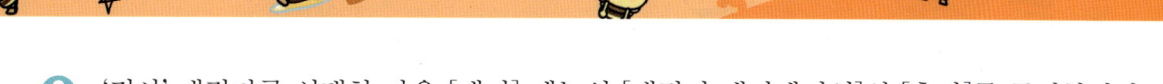

③ '검사' 캐릭터를 선택한 다음 [애니] 메뉴의 [캐릭터 애니메이션]의 [추가]를 클릭합니다.

④ '검사' 캐릭터의 머리에 애니메이션을 주기 위해 [머리 애니메이션 추가]를 클릭합니다.

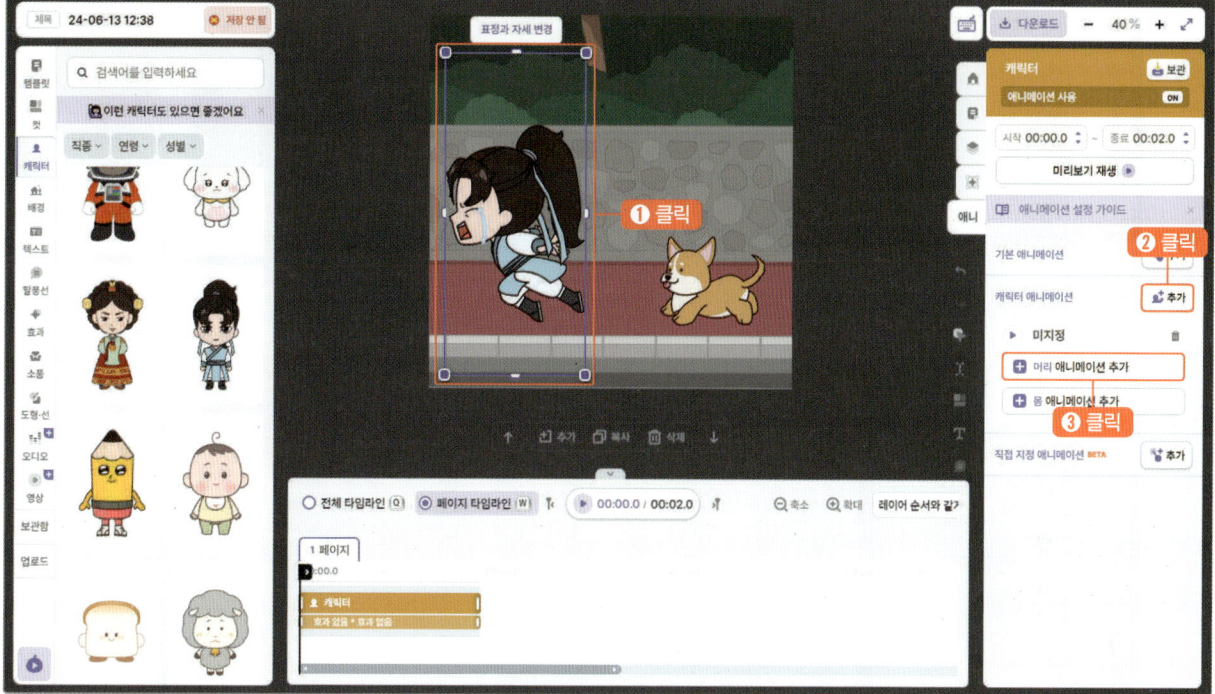

애니메이션을 추가하면 타임라인에 애니메이션이 적용된 '레이어'가 나타나요.

⑤ 머리와 관련된 애니메이션 목록이 나타나면 이름을 클릭해 어떤 애니메이션인지 확인합니다. 마음에 드는 애니메이션을 골라 [적용]을 클릭합니다.

Chapter 17. 제발, 그만 따라와!! **141**

❻ [페이지 타임라인]에 추가된 애니메이션이 표시됩니다.

❼ '검사' 캐릭터의 몸에도 애니메이션을 추가하기 위해 [몸 애니메이션 추가]를 클릭합니다.

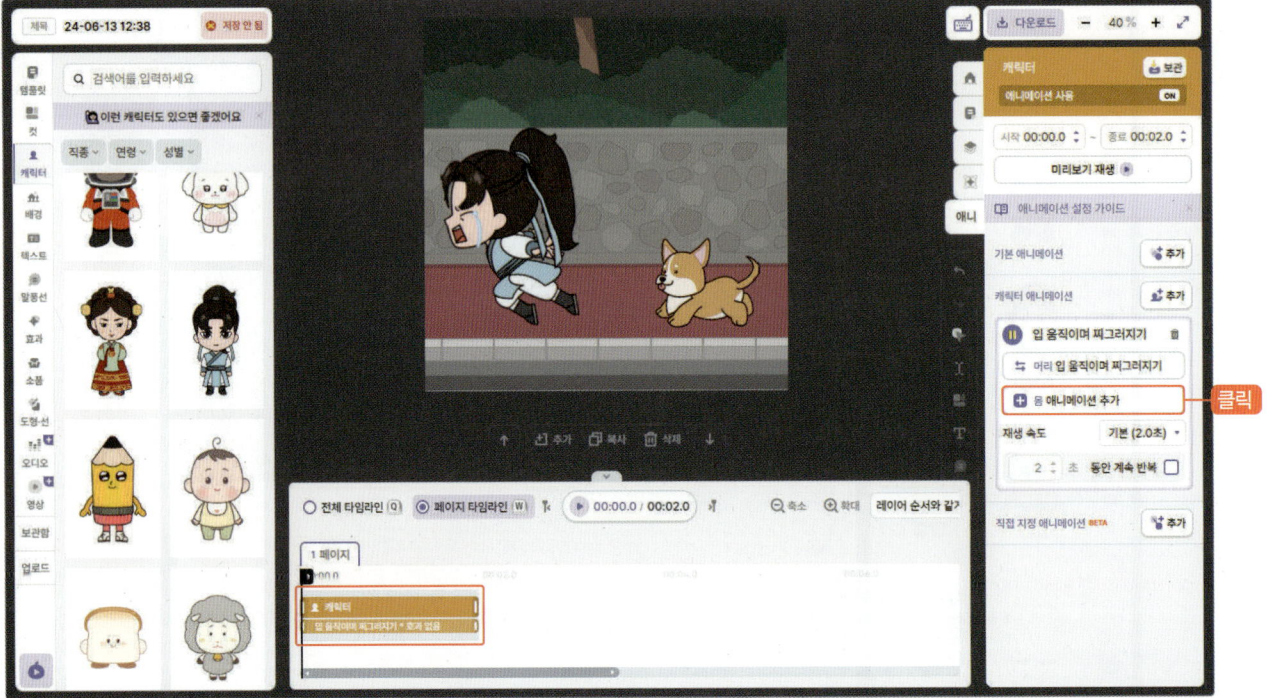

❽ 몸과 관련된 애니메이션의 목록이 나타나면 이름을 클릭해 어떤 애니메이션인지 확인한 후 마음에 드는 애니메이션을 골라 [적용]을 클릭합니다.

❾ 완성된 애니메이션을 확인하기 위해 [재생(▶)]을 클릭합니다.

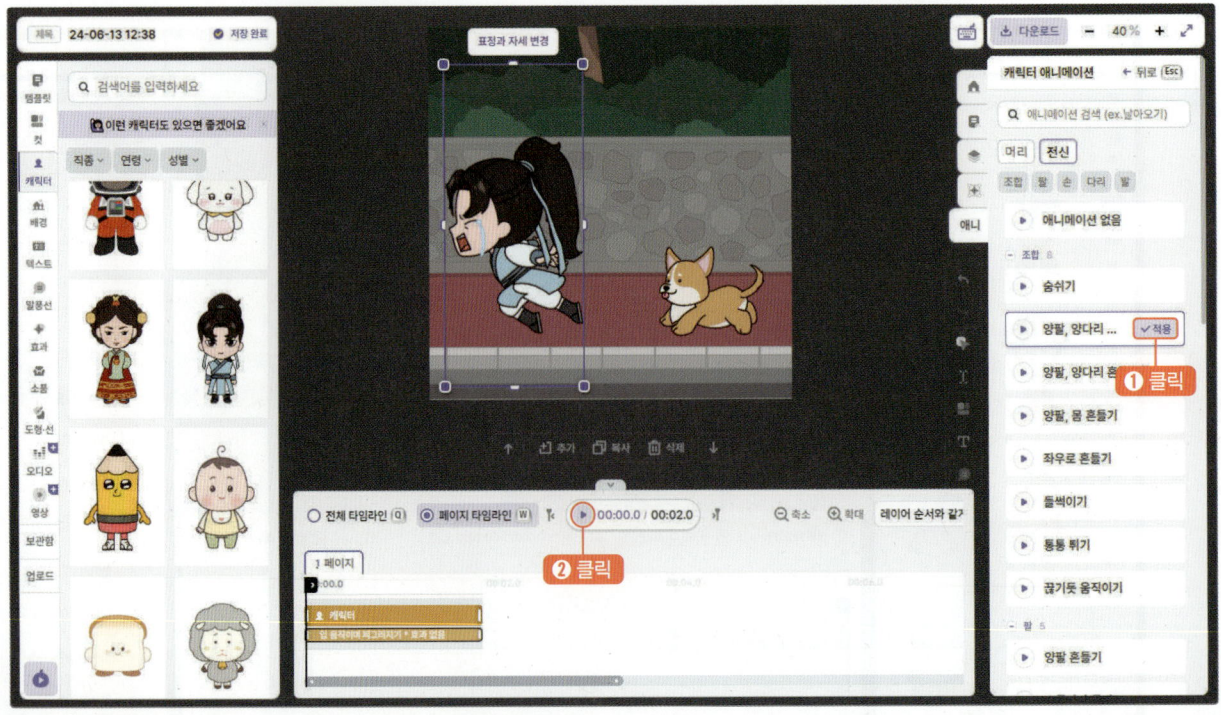

03 기본 애니메이션 적용하기

'강아지' 캐릭터에 기본 애니메이션을 적용하고 반복하도록 설정해 봅니다.

❶ '강아지' 캐릭터를 선택한 다음 [기본 애니메이션]의 [추가]를 클릭합니다.

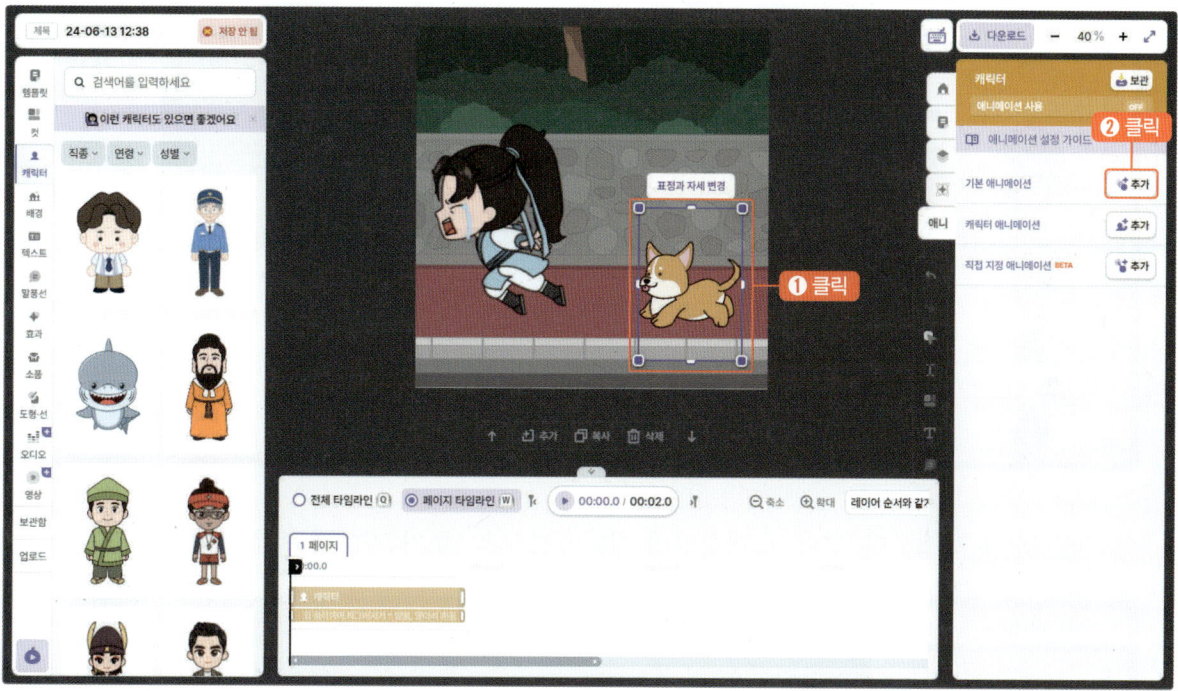

❷ 기본 애니메이션의 목록이 나타나면 이름을 클릭해 어떤 애니메이션인지 확인한 후 마음에 드는 애니메이션을 골라 [적용]을 클릭합니다.

Chapter 17. 제발, 그만 따라와!! **143**

❸ '강아지' 캐릭터의 애니메이션을 확인하기 위해 [재생(▶)]을 클릭합니다.

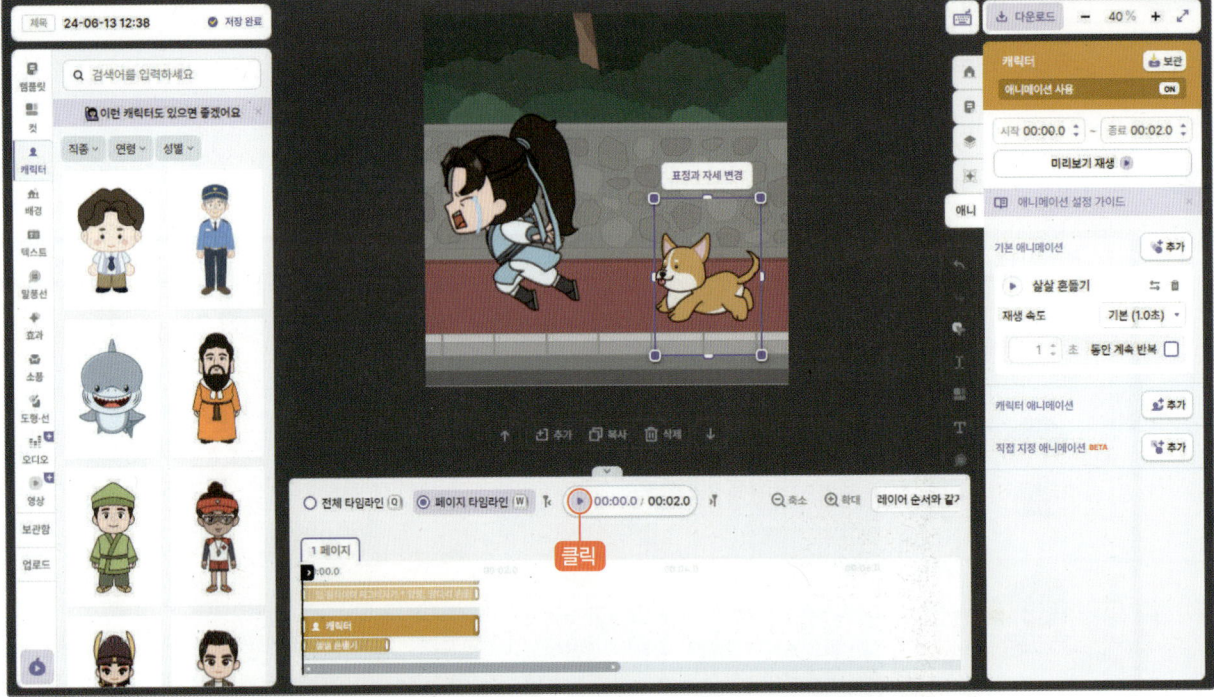

❹ 애니메이션을 재생하면 '강아지' 캐릭터의 애니메이션은 1초가 지나면 멈추어 버립니다.

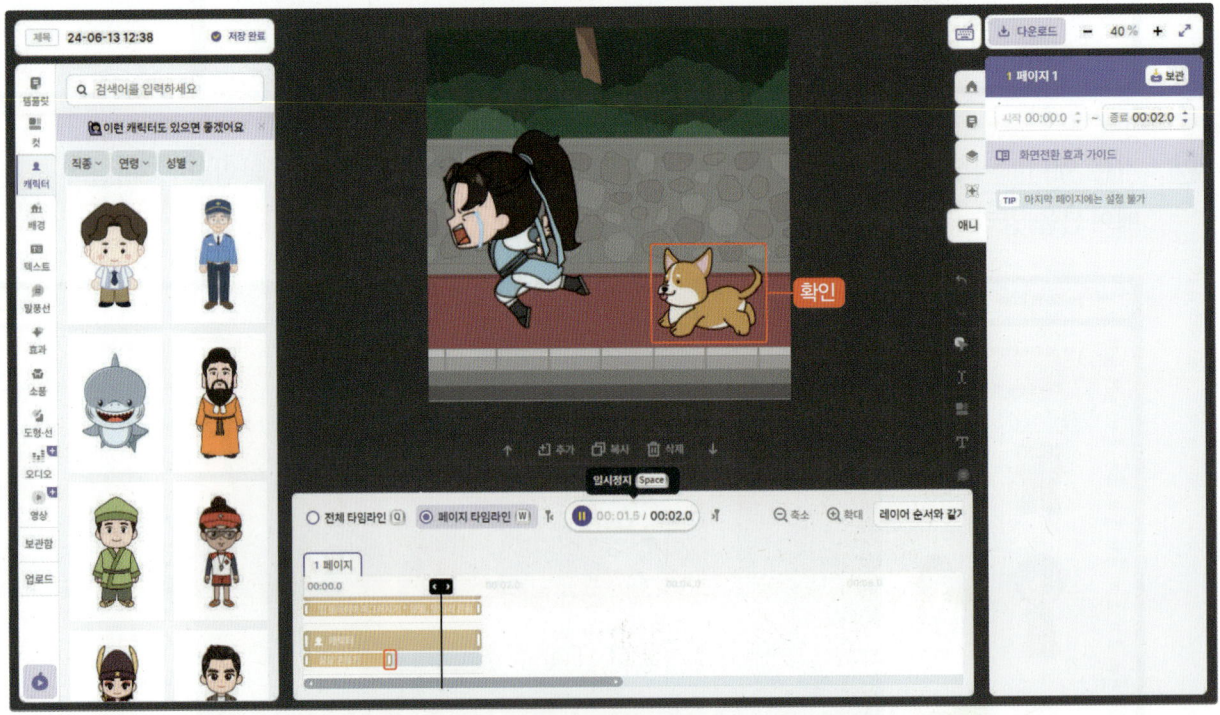

❺ '강아지' 캐릭터가 계속 움직이게 하기 위해 '강아지' 캐릭터를 선택한 다음 [애니] 메뉴에서 [동안 계속 반복]을 클릭합니다.

❻ 그리고 [재생 속도]를 '1' 대신 '2'를 입력해 재생되는 시간을 늘려줍니다.

❼ [재생(▶)]을 클릭해 변경한 애니메이션이 어떻게 움직이는지 확인합니다.

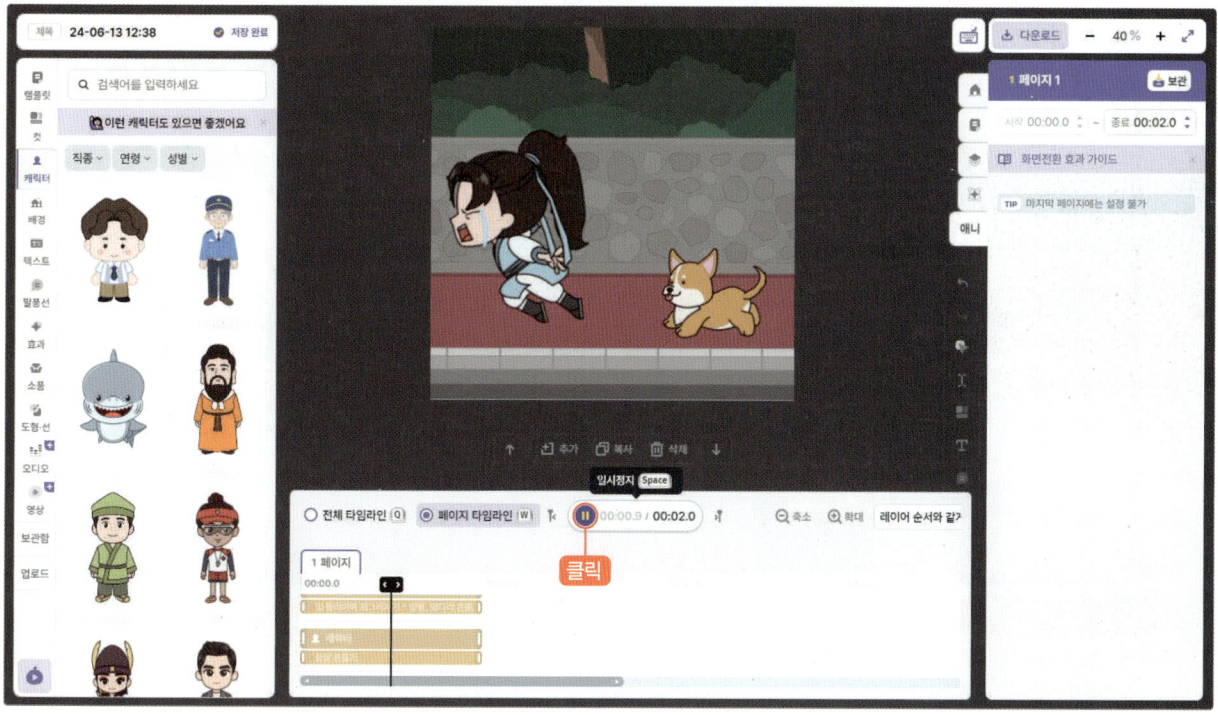

Chapter 17. 제발, 그만 따라와!! **145**

❽ 완성한 애니메이션을 내 컴퓨터에 저장하기 위해 [다운로드]를 클릭합니다.

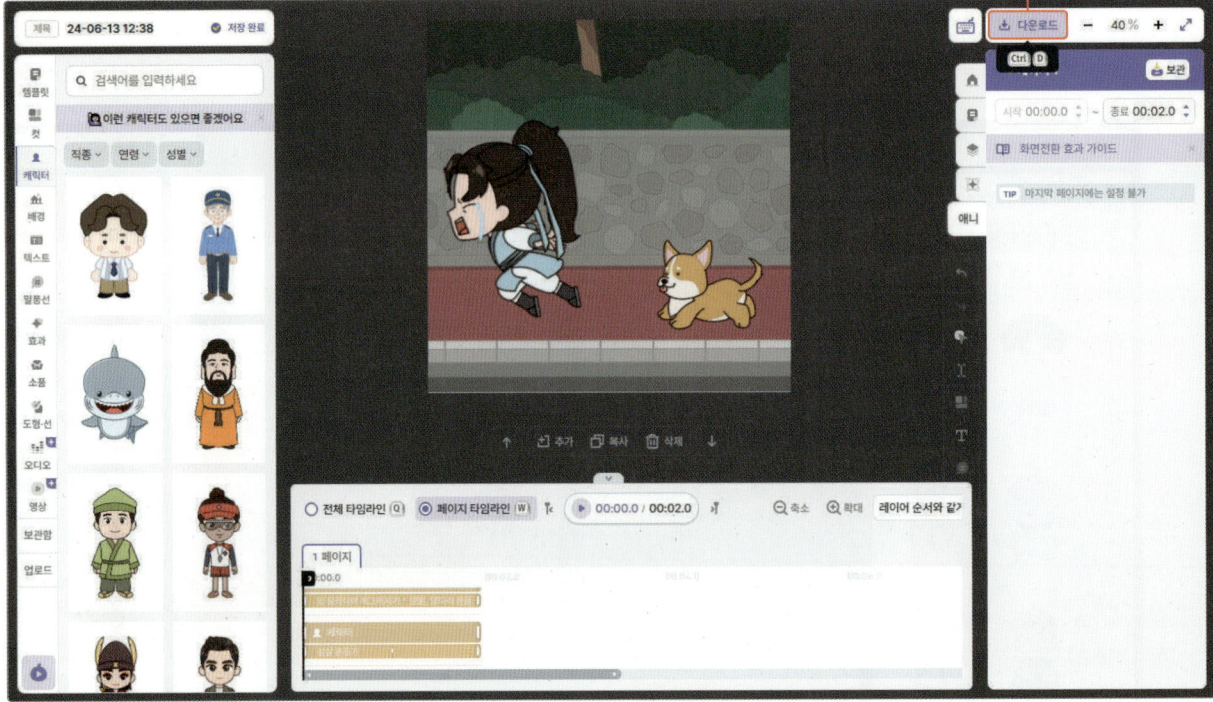

❾ 확장자 선택에서 [GIF]를 선택하고 [다운로드]를 클릭합니다.

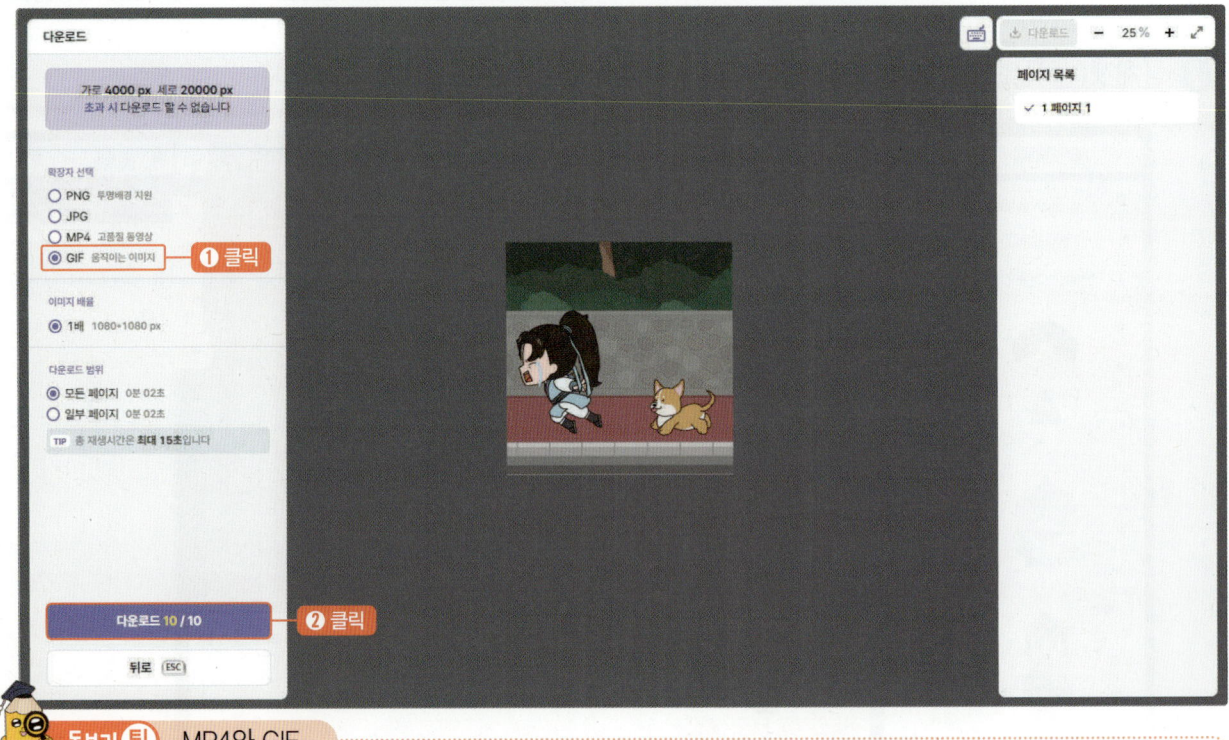

돋보기 팁 MP4와 GIF

- 애니메이션이 적용된 작업 페이지는 확장자를 MP4와 GIF로 저장합니다.
- MP4는 동영상과 효과음 등을 함께 저장하는 동영상 파일입니다.
- GIF는 간단한 애니메이션을 저장할 수 있는 이미지 파일입니다.

CHAPTER 17 재미 팡팡! 레벨 UP

▶ **완성 파일** : 17강 레벨업 완성-1.gif, 17강 레벨업 완성-2.gif

● 다음과 같이 배경과 캐릭터를 추가한 다음 원하는 애니메이션을 적용해 보세요.

❗ 검색 키워드 : (배경)담벼락,
　　　　　　(캐릭터)새, 고양이,
　　　　　　(말풍선)고양이, (소품)물고기

❗ 검색 키워드 : (배경)산수화,
　　　　　　(캐릭터)곰, 호랑이
　　　　　　(말풍선)대사

Chapter 17. 제발, 그만 따라와!! **147**

CHAPTER 18 난 특별하게 사라지지!

#화면전환 #동영상 #이동 #타임라인 #이모지

▶ 완성 파일 : 18강 완성.mp4

오늘의 학습목표

- 페이지가 바뀔 때 새로운 페이지가 나타나는 방향을 정할 수 있습니다.
- 페이지가 바뀔 때 동영상 효과를 추가할 수 있습니다.

핵심 POINT

▶ 페이지 전환 효과(이동) : [전체 타임라인] 선택 → 페이지 선택 → [애니] 메뉴 → [화면전환 애니메이션]의 [변경] → [이동] 클릭 → 원하는 효과 선택 후 [적용] 클릭

▶ 페이지 전환 효과(동영상) : [전체 타임라인] 선택 → 페이지 선택 → [애니] 메뉴 → [화면전환 애니메이션]의 [변경] → [동영상] 클릭 → 원하는 효과 선택 후 [적용] 클릭

템플릿 적용하기

화면전환 효과를 넣기 위해 여러 페이지로 구성된 템플릿을 적용해 봅니다.

❶ 망고툰(https://toon.mangoboard.net)에 접속해 [로그인]한 후 [시작하기]를 클릭합니다.

❷ [템플릿] 메뉴에서 '카네이션'으로 검색합니다. 검색된 페이지 중에서 "카네이션 접는 법"을 선택합니다.

화면 전환 효과를 연습하기 위해 여러 페이지가 있는 템플릿을 선택합니다.

❸ [전체 적용하기]를 클릭해 템플릿의 모든 페이지를 추가합니다.

Chapter 18. 난 특별하게 사라지지! **149**

02 화면전환 효과 만들기

새로운 페이지가 나타나는 방향을 정하는 화면전환 효과를 지정해 봅니다.

① 애니메이션을 만들기 위해 [애니메이션 설정()]을 클릭합니다.

② 애니메이션 페이지가 나타나면 [전체 타임라인]을 선택한 다음 [1페이지]를 선택합니다. [애니] 메뉴에 있는 [화면전환 애니메이션]의 [변경]을 클릭합니다.

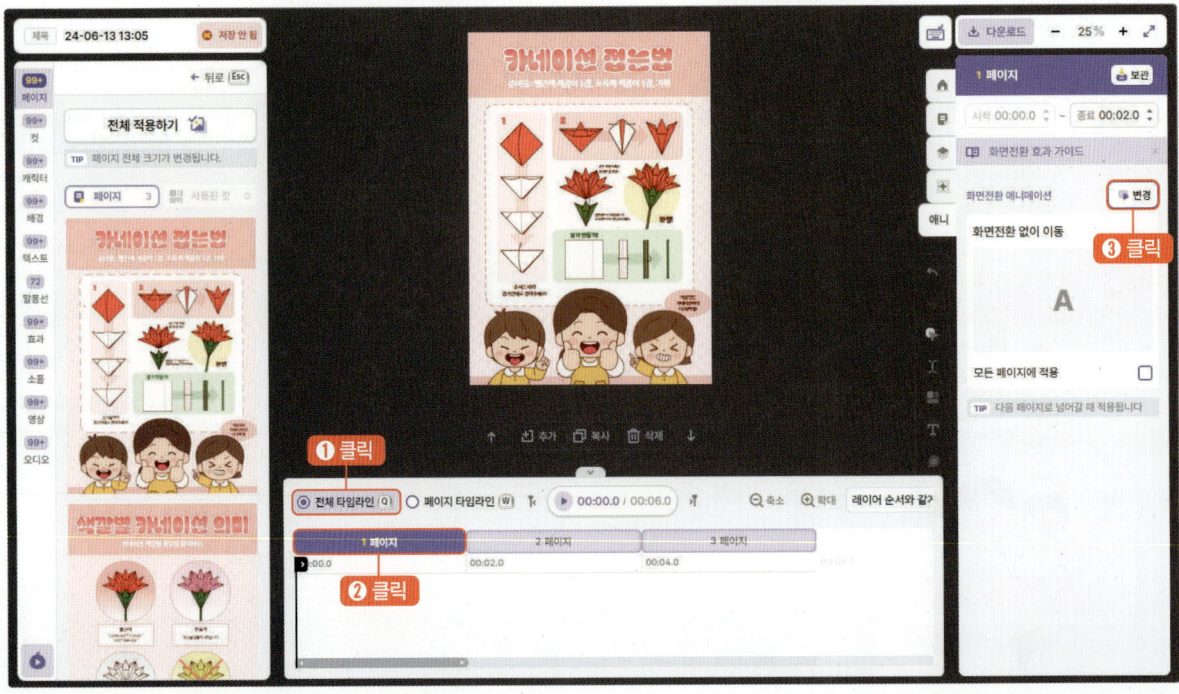

❸ [애니] 메뉴의 화면전환 목록 중 [이동]을 클릭합니다. [아래쪽으로 이동]을 클릭하고 [적용]을 클릭합니다.

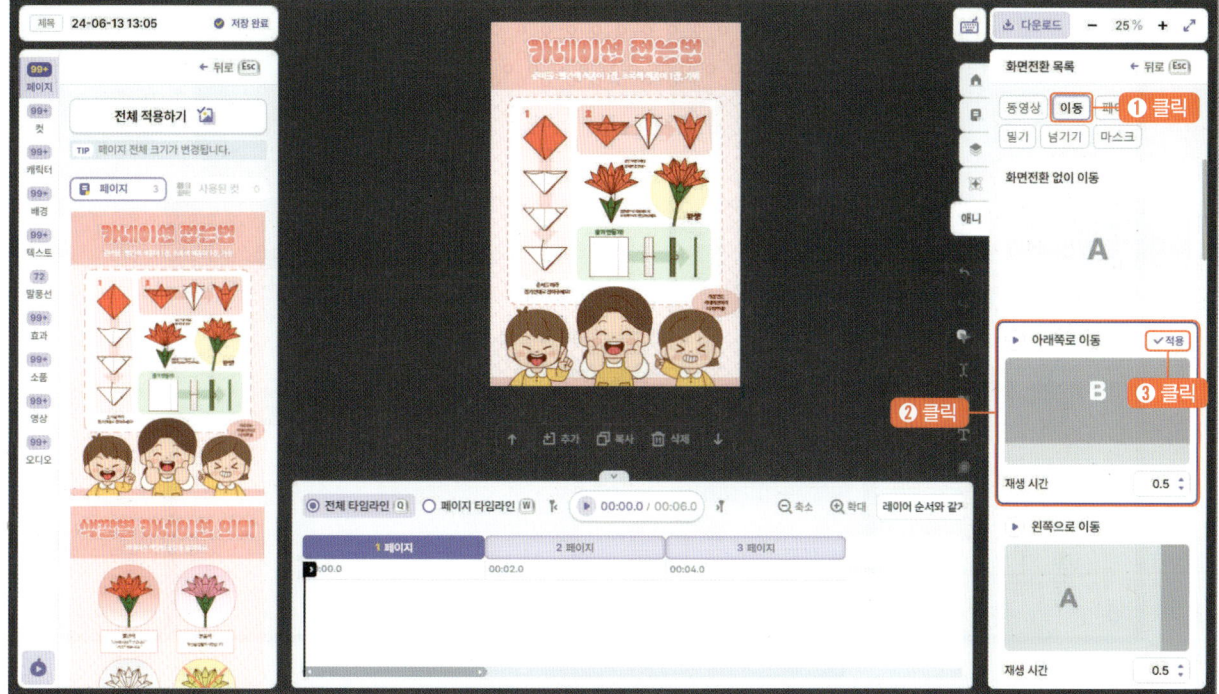

❹ [전체 타임라인]에 화면전환 효과가 적용된 부분이 표시됩니다.

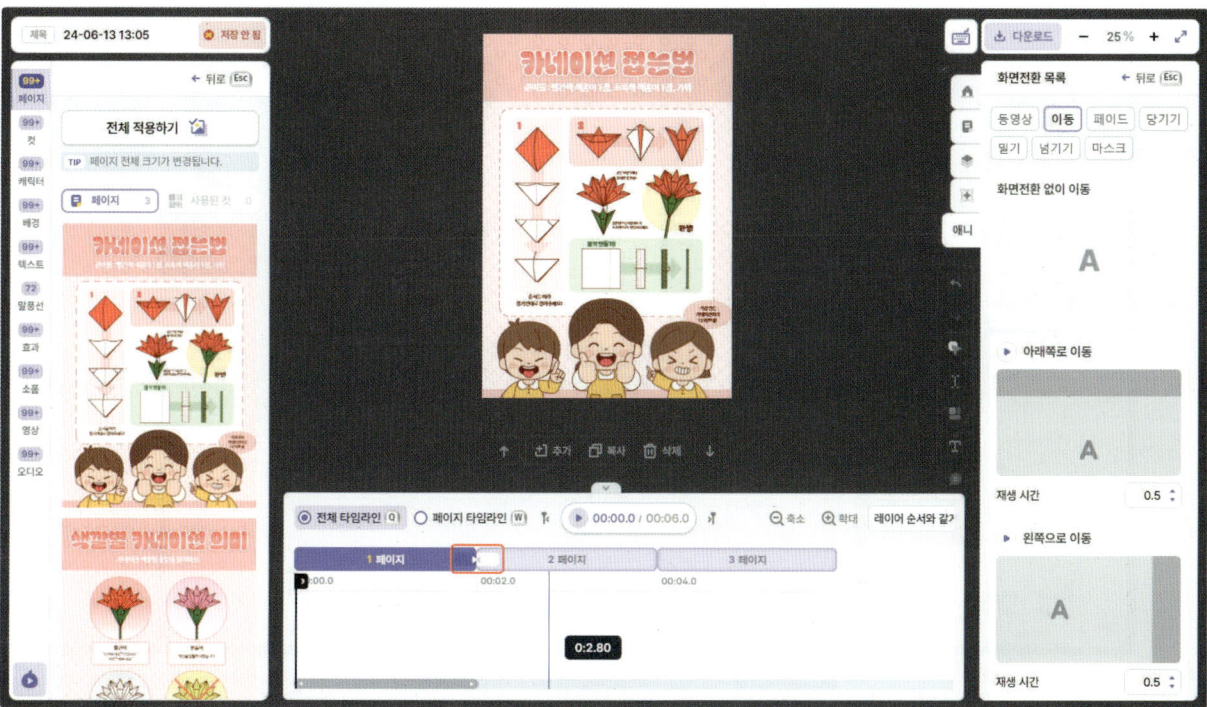

Chapter 18. 난 특별하게 사라지지!

❺ [재생(▶)]을 클릭해 페이지에 적용된 화면전환 효과를 확인합니다.

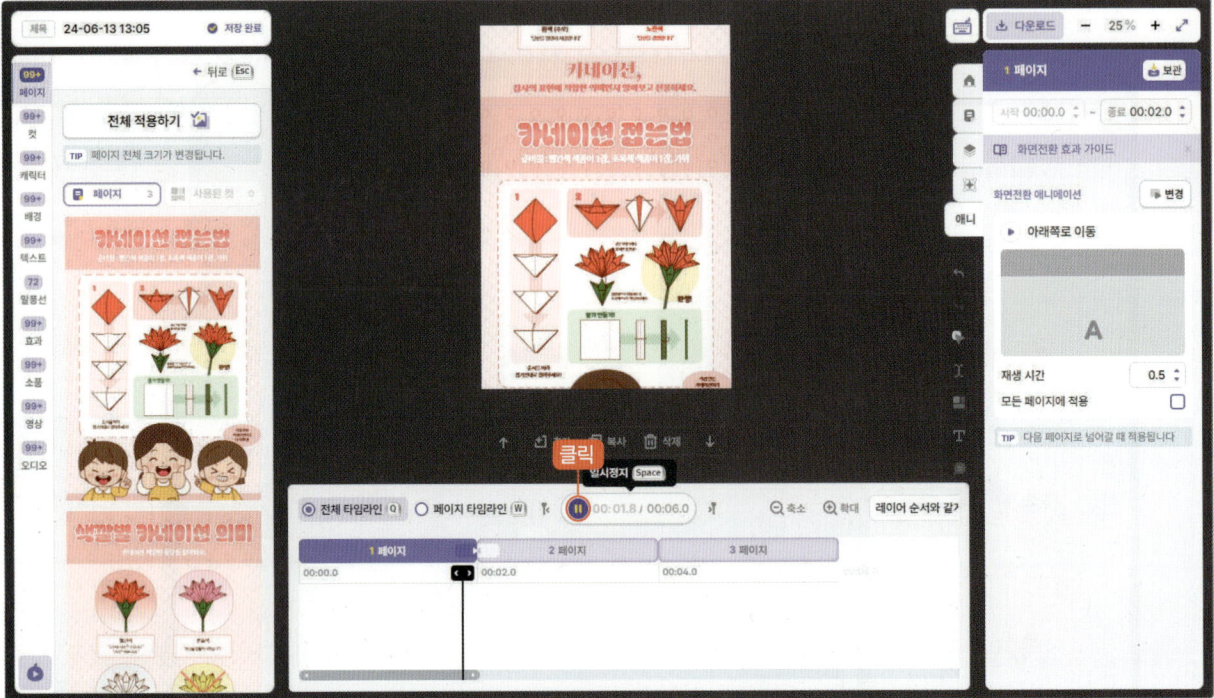

❻ 화면전환 효과를 확인했으면 ⏸를 눌러 재생을 멈춥니다.

1페이지에만 화면전환 효과가 적용되어 있으므로 다른 페이지는 확인하지 않아도 돼요.

03 동영상이 있는 화면전환 효과 만들기

동영상이 있는 화면전환 효과를 만들어 봅니다.

❶ [전체 타임라인]에서 [2페이지]를 선택한 다음 [애니] 메뉴에 있는 [화면전환 애니메이션]의 [변경]을 클릭합니다.

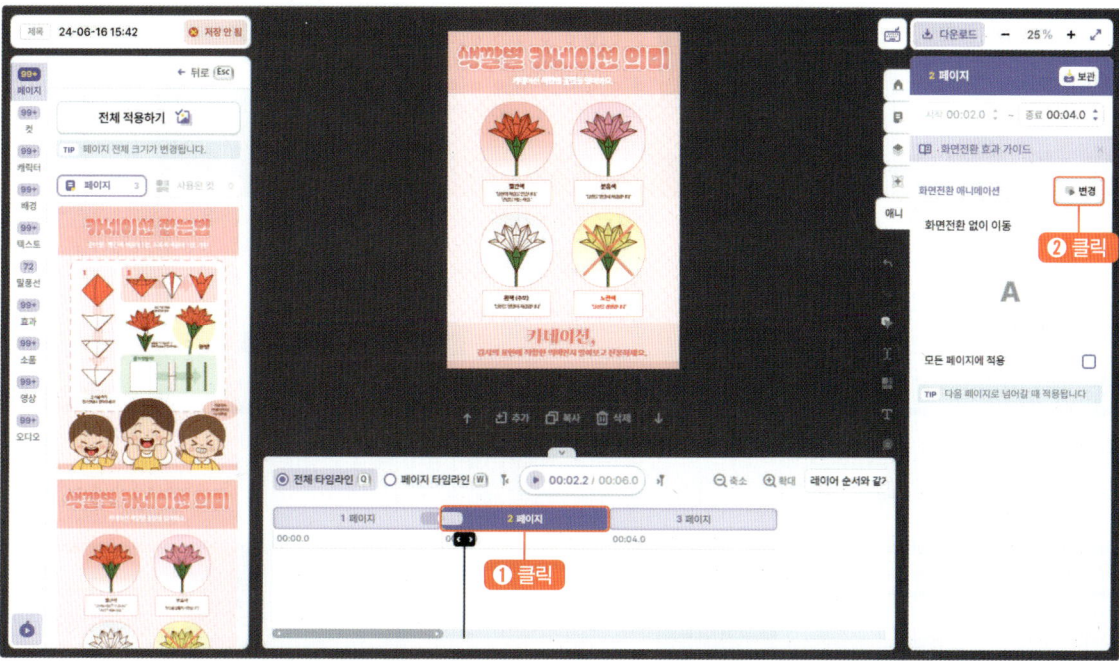

❷ [애니] 메뉴의 화면전환 목록 중 [동영상]을 클릭한 다음 [이모지 기쁨]을 클릭하고 [적용]을 클릭합니다.

Chapter 18. 난 특별하게 사라지지! **153**

❸ [전체 타임라인]에 화면전환 효과가 적용되는 부분이 표시됩니다.

❹ 적용된 화면전환 효과를 확인하기 위해 [재생(▶)]을 클릭합니다.

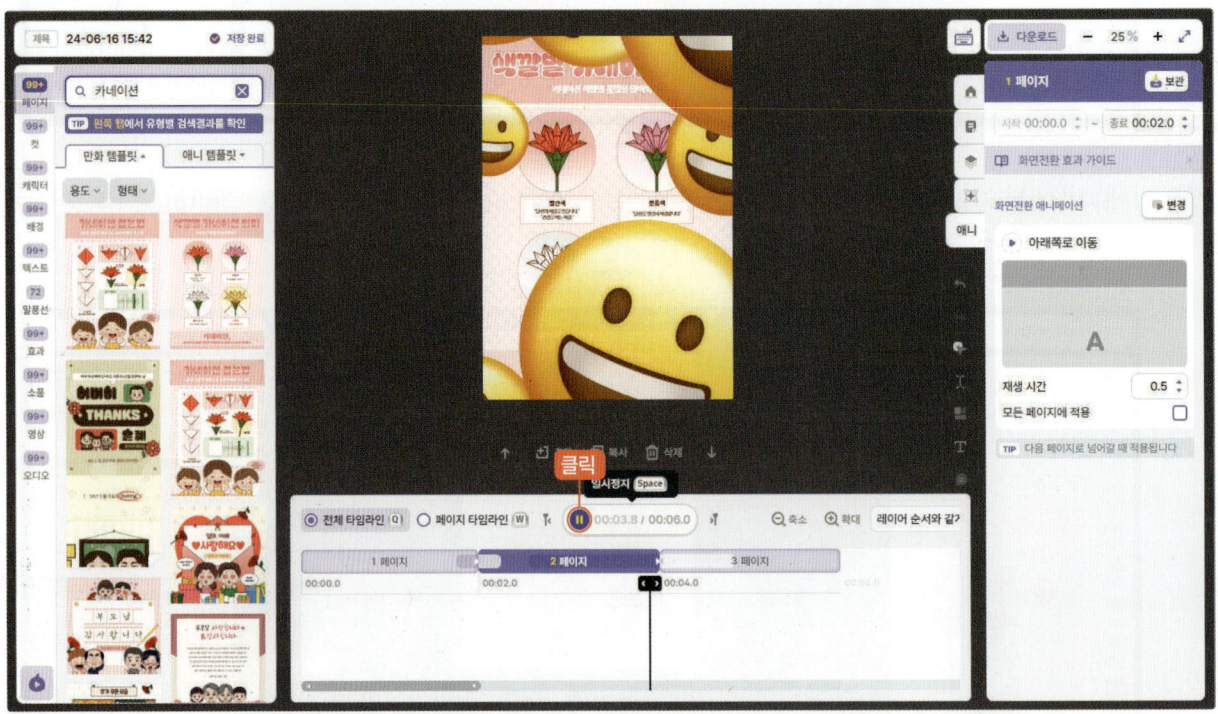

동영상 화면전환 효과는 전환되는 시간이 오래 걸려요.

CHAPTER 18 재미 팡팡! 레벨 UP

▶ 완성 파일 : 18강 레벨업 완성.mp4

● 다음과 같이 템플릿을 적용해 보세요.

❗ 검색 키워드 : (템플릿)용도-카툰뉴스

● 페이지에 다양한 화면전환 효과를 넣어 보세요.

CHAPTER 19 재미있는 서핑 체험!

#애니메이션 #사용자 지정 # 다중 애니메이션

▶ 완성 파일 : 19강 완성.gif

오늘의 학습목표

- 캐릭터에 사용자 지정 애니메이션을 적용할 수 있습니다.
- 하나의 캐릭터에 여러 개의 애니메이션을 적용할 수 있습니다.
- 애니메이션을 적용해 크기와 위치를 바꿀 수 있습니다.

핵심 POINT

▶ 위치 이동 : [애니] 메뉴 → [직접 지정 애니메이션]의 [추가] → [위치 이동] → 이동할 거리 입력
▶ 크기 변경 : [애니] 메뉴 → [직접 지정 애니메이션]의 [추가] → [크기 변경] → 변경할 크기 비율 입력

01 애니메이션의 배경과 캐릭터 삽입하기

애니메이션의 배경으로 사용할 배경과 캐릭터를 추가해 봅니다.

 망고툰(https://toon.mangoboard.net)에 접속해 [로그인]한 후 [시작하기]를 클릭합니다.

② [배경] 메뉴에서 '바다'로 검색한 후 원하는 이미지를 추가하고 [페이지 배경으로 사용]을 클릭합니다.

③ [캐릭터] 메뉴에서 원하는 캐릭터를 선택하고 [표정과 자세 변경]을 클릭해 캐릭터의 모양을 정해 놓습니다.

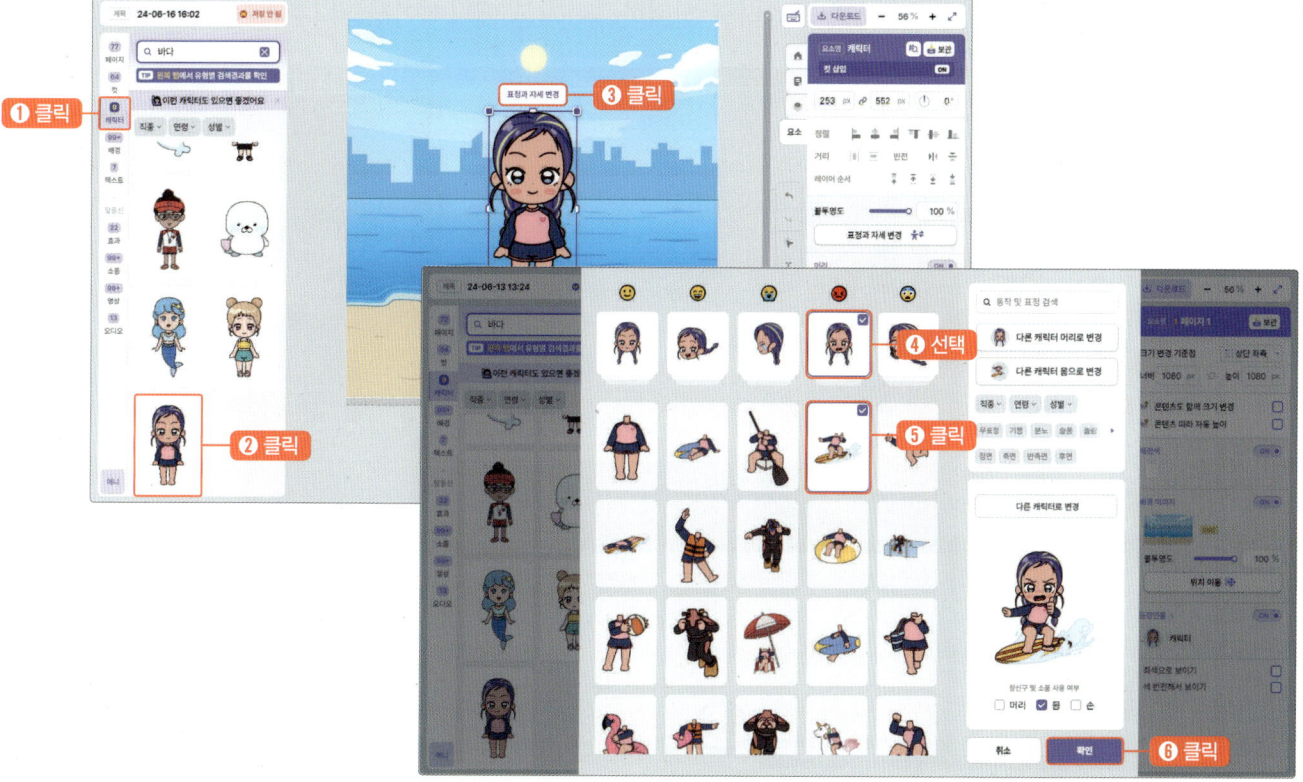

Chapter 19. 재미있는 서핑 체험! **157**

02 하나의 캐릭터에 두 개의 애니메이션 설정하기

하나의 캐릭터에 두 개의 애니메이션이 실행되도록 설정해 봅니다.

① 캐릭터를 드래그해 위치를 정한 후 애니메이션을 넣기 위해 [애니메이션 설정(🎬)]을 클릭합니다.

② 애니메이션 설정 화면이 나타나면 캐릭터를 선택한 후 [기본 애니메이션]의 [추가]를 클릭합니다.

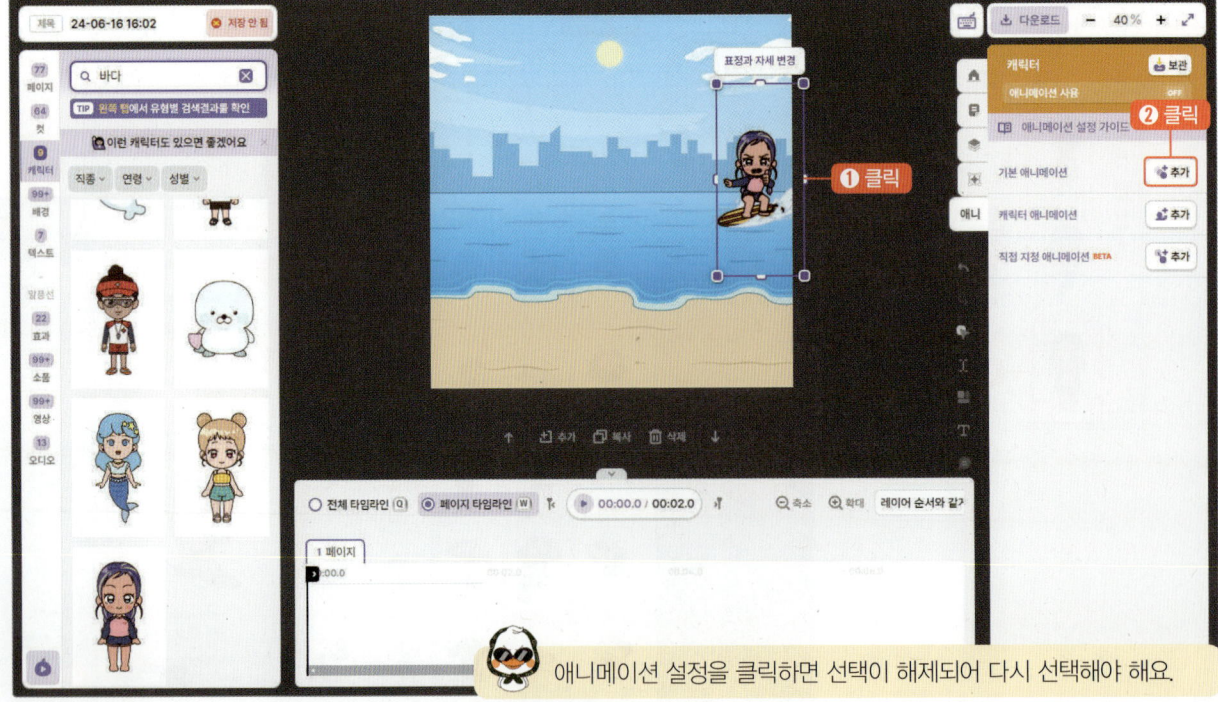

애니메이션 설정을 클릭하면 선택이 해제되어 다시 선택해야 해요.

❸ 기본 애니메이션 중에서 [살살 흔들기]를 선택하고 [적용]을 클릭합니다.

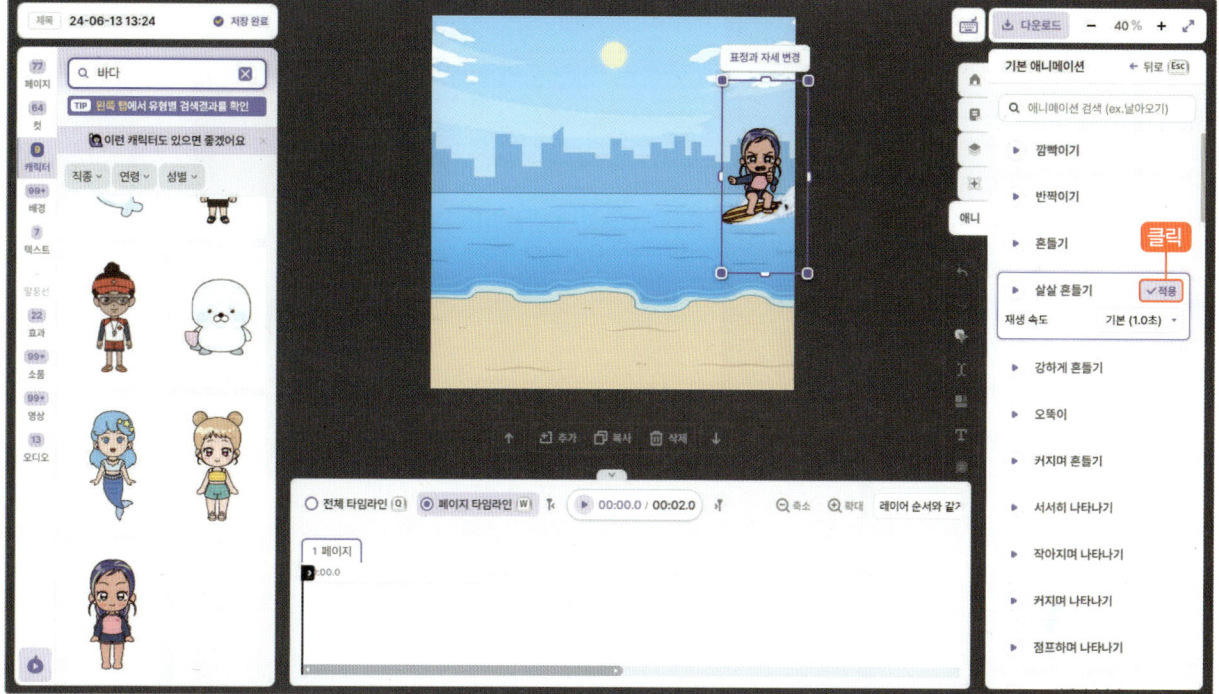

❹ [애니] 메뉴의 [캐릭터 애니메이션]에서 [추가]를 클릭합니다.

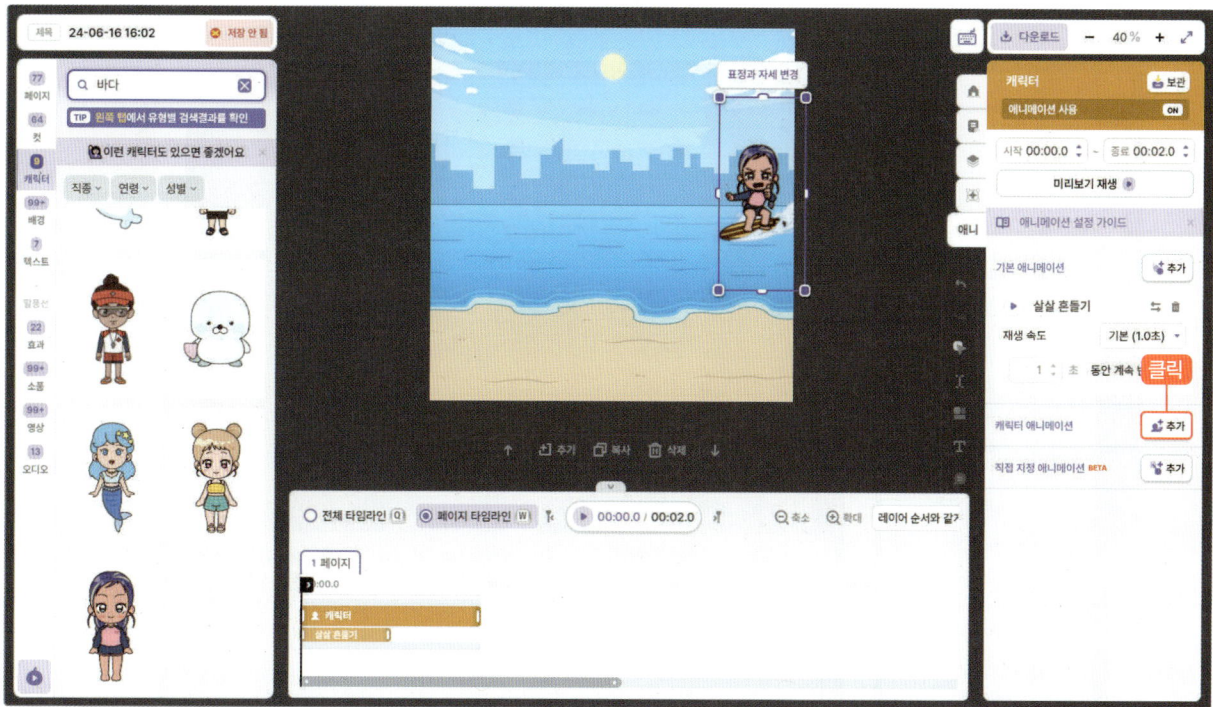

❺ [머리 애니메이션 추가]를 클릭한 다음 [올라가서 멈칫하기]의 [적용]을 클릭합니다.

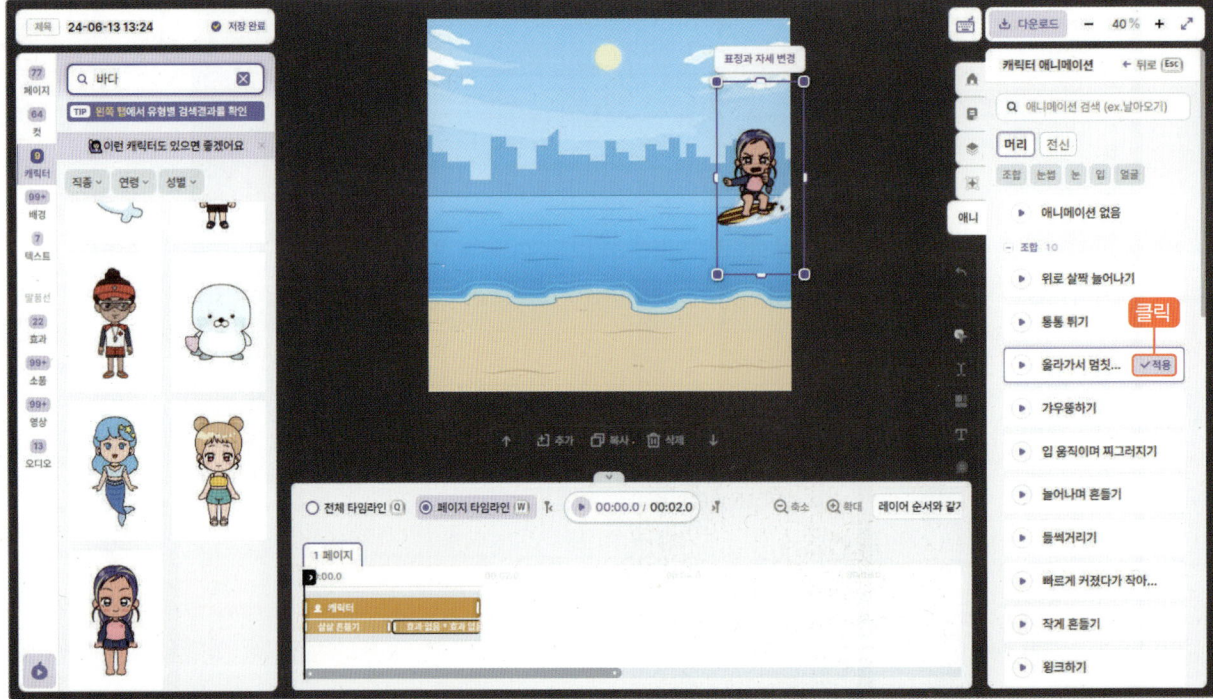

❻ 머리 애니메이션을 추가하고 난 후, [몸 애니메이션 추가]를 클릭한 다음 [양팔, 몸 흔들기]의 [적용]을 클릭합니다.

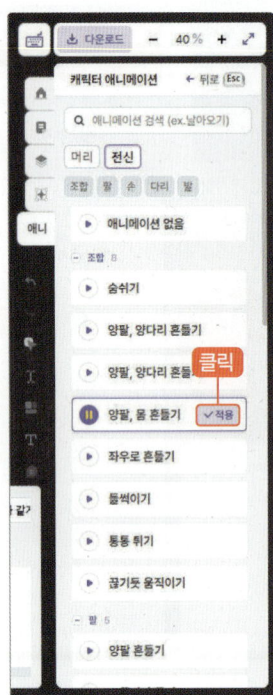

03 이동하는 애니메이션 만들기

캐릭터가 원하는 위치로 이동하는 애니메이션을 만들어 봅니다.

❶ [애니] 메뉴에서 [직접 지정 애니메이션]의 [추가]를 클릭합니다. 적용할 애니메이션으로 [위치 이동]을 선택합니다.

❷ 이동할 거리를 입력하면, 이 값을 따라 투명한 캐릭터가 이동합니다.

- X의 위치는 입력한 값만큼 오른쪽으로 이동하고, 입력한 값의 앞에 마이너스(-)를 붙이면 왼쪽으로 이동합니다.
- Y의 위치는 입력한 값만큼 아래쪽으로 이동하고, 입력한 값의 앞에 마이너스(-)를 붙이면 위쪽으로 이동합니다.

Chapter 19. 재미있는 서핑 체험! **161**

❸ 캐릭터의 크기를 이동한 거리에 따라 바꾸기 위해 [애니] 메뉴에서 [크기 변경]을 선택한 후 비율을 입력합니다.

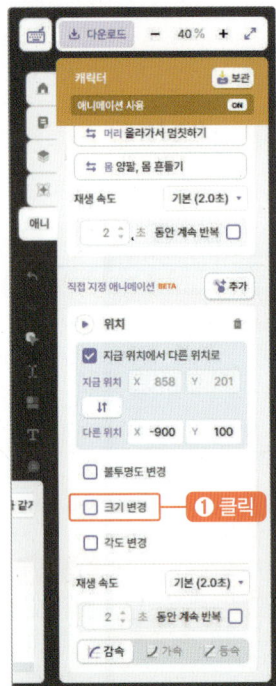

 [다른 크기]에 '1'을 입력하면 지금과 같은 크기가 되고, '1보다 큰 수'를 입력하면 크기가 커져요. 그리고 '1보다 작은 수'를 입력하면 크기가 작아져요.

❹ 완성된 애니메이션을 확인하기 위해 [재생(▶)]을 클릭합니다.

CHAPTER 19 재미 팡팡! 레벨 UP

▶ **완성 파일** : 19강 레벨업 완성-1.gif, 19강 레벨업 완성-2.gif

● 다음과 같이 배경과 캐릭터를 삽입해 장면을 만들고 캐릭터의 위치와 크기를 바꾸는 애니메이션을 만들어 보세요.

❗ 검색 키워드 : (배경)초원, (캐릭터)늑대, 양

❗ 검색 키워드 : (배경)쿠키, (캐릭터)쿠키, (소품)쿠키

Chapter 19. 재미있는 서핑 체험! **163**

황금알은 오리껀데?!

#애니메이션 #효과음 #반복 #구간 지정

▶ 완성 파일 : 20강 완성.mp4

오늘의 학습목표

- 애니메이션에 효과음을 추가할 수 있습니다.
- 추가한 효과음에서 재생할 부분을 정할 수 있습니다.
- 효과음을 반복해서 재생할 수 있습니다.

핵심 POINT

▶ 효과음 추가 : [오디오] 메뉴 → 효과음 검색 → 재생(▶) 클릭해 효과음 확인 → 효과음 클릭

▶ 효과음 재생할 부분 선택 : [애니] 메뉴 → 조절바 드래그 → 재생할 부분

▶ 효과음 반복 재생 : [애니] 메뉴 → [반복 재생] 선택

01 페이지 배경과 캐릭터 추가하기

애니메이션에 사용할 배경과 캐릭터를 추가해 봅니다.

❶ 망고툰(https://toon.mangoboard.net)에 접속해 [로그인]한 후 [시작하기]를 클릭합니다.

❷ [배경] 메뉴에서 '가을'로 검색하여 원하는 배경을 선택하고 [페이지 배경으로 사용]을 클릭합니다.

❸ [지우기(✕)]를 클릭해 검색한 키워드를 지운 후 [캐릭터] 메뉴의 [성별]에서 [동물]을 선택하고 '닭'과 '오리'로 검색한 후 캐릭터를 추가합니다.

❹ [표정과 자세 변경]을 클릭해 캐릭터의 모양을 바꾸고 크기와 위치를 정합니다.

Chapter 20. 황금알은 오리껀데?! **165**

❺ [지우기(✕)]를 클릭해 검색한 키워드를 지운 후 [말풍선] 메뉴에서 '외침'으로 검색하여 원하는 말풍선을 추가하고 [그룹 해제]를 클릭합니다.

❻ 말풍선에서 '말도'를 더블 클릭한 다음 "내려놔"를 입력하고 한 줄이 되게 텍스트 박스 크기를 조절합니다.

❼ "안돼!"를 더블 클릭한 다음 "내 알!"을 입력합니다.

❽ 마우스를 드래그해 말풍선과 텍스트를 모두 선택한 다음 [그룹]을 클릭해 그룹으로 묶습니다.

여러 개의 요소를 그룹으로 묶으면 그룹에 하나의 애니메이션을 지정할 수 있어요.

02 애니메이션 설정

캐릭터와 말풍선에 애니메이션을 설정해 봅니다.

❶ 애니메이션을 만들기 위해 [애니메이션 설정()]을 클릭합니다.

❷ '닭' 캐릭터를 선택한 다음 [애니] 메뉴에서 [캐릭터 애니메이션]의 [추가]를 클릭합니다.

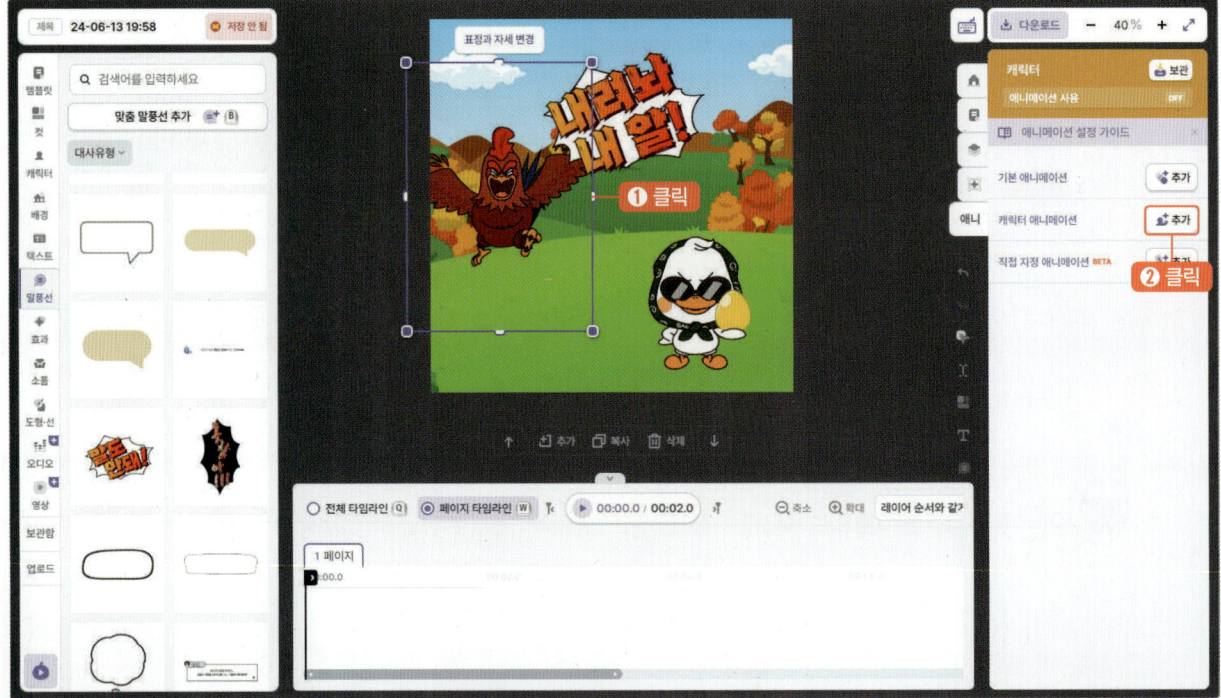

❸ [머리] 애니메이션에는 [빠르게 커졌다가 작아지기]를 적용하고, [몸] 애니메이션에는 [양팔, 양다리 흔들기 2]를 적용합니다.

❹ 그 다음 '오리' 캐릭터를 선택한 후 [캐릭터 애니메이션]의 [추가]를 클릭합니다. [머리] 애니메이션에는 [갸우뚱하기]를 적용하고, [몸] 애니메이션에 [들썩이기]를 적용합니다.

❺ 마지막으로 '말풍선'을 선택한 다음 [기본 애니메이션]의 [추가]를 클릭한 후 [커지며 나타나기]를 적용합니다.

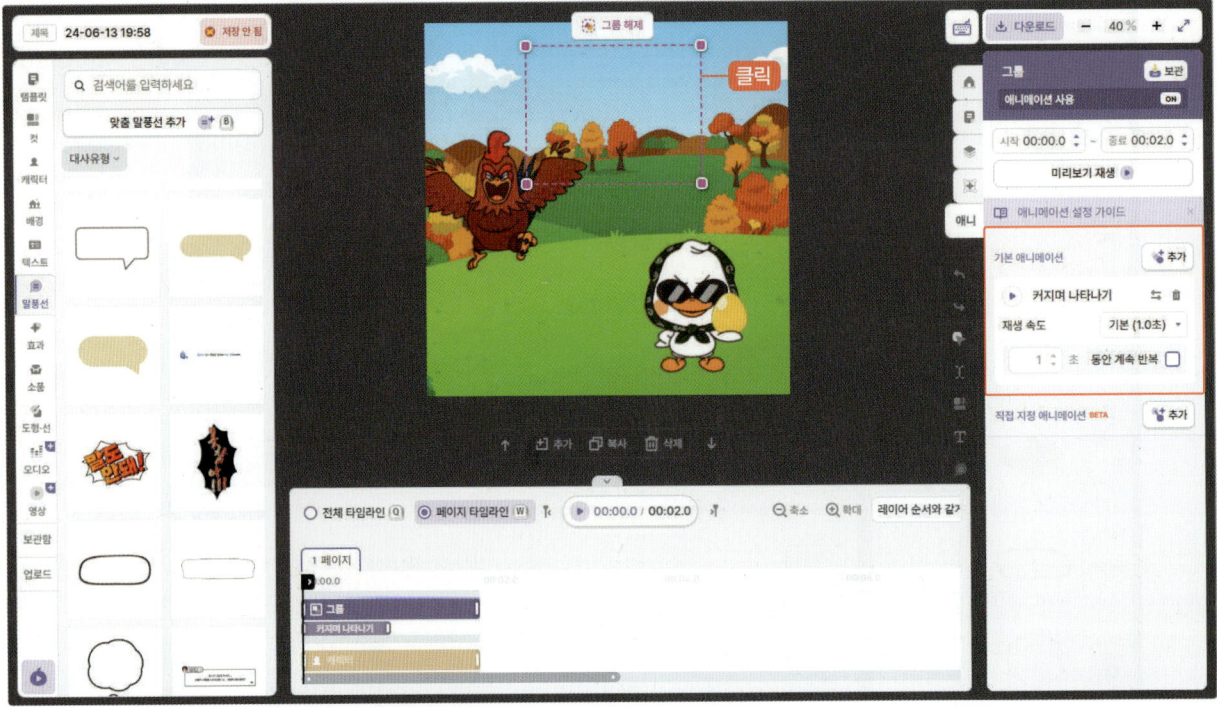

❻ 각각 적용된 애니메이션을 확인하기 위해 [재생(▶)]을 클릭합니다.

03 효과음 추가하기

효과음을 추가하고 반복해서 재생하도록 설정해 봅니다.

① [오디오] 메뉴에서 '닭'으로 검색한 후 [재생(▶)]을 클릭해 어떤 효과음인지 확인합니다.

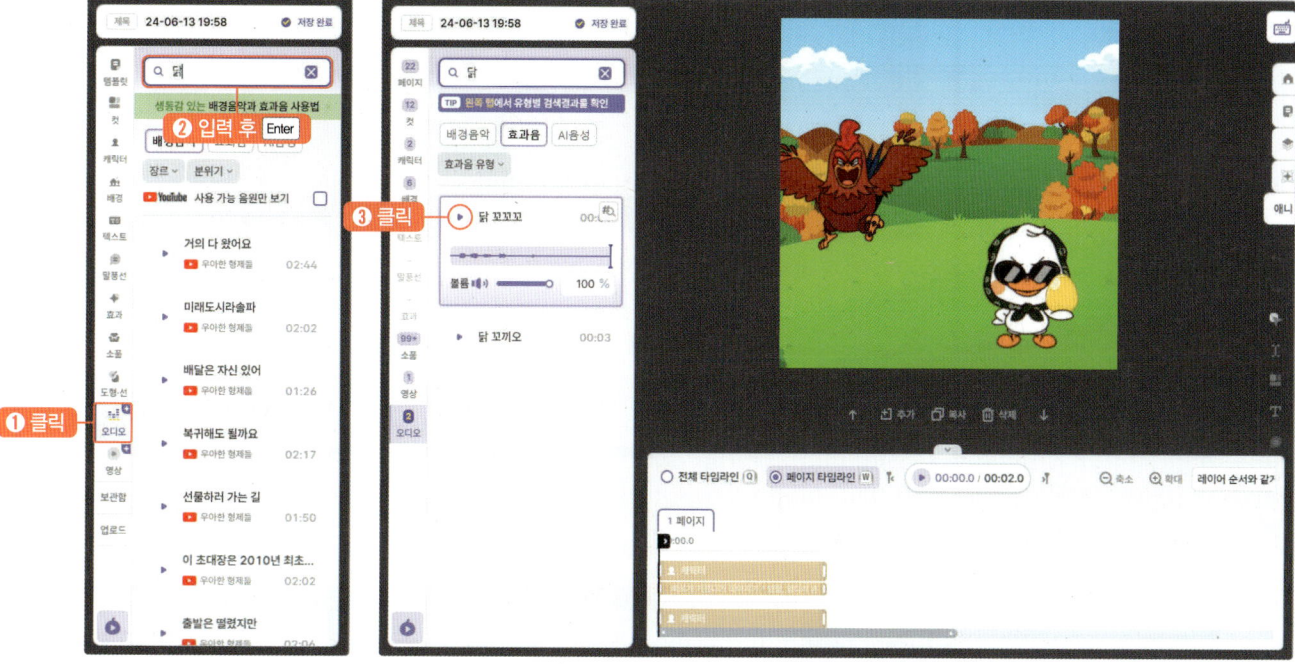

② [오디오] 메뉴에서 검색된 효과음 중 추가할 효과음을 클릭해 추가합니다.

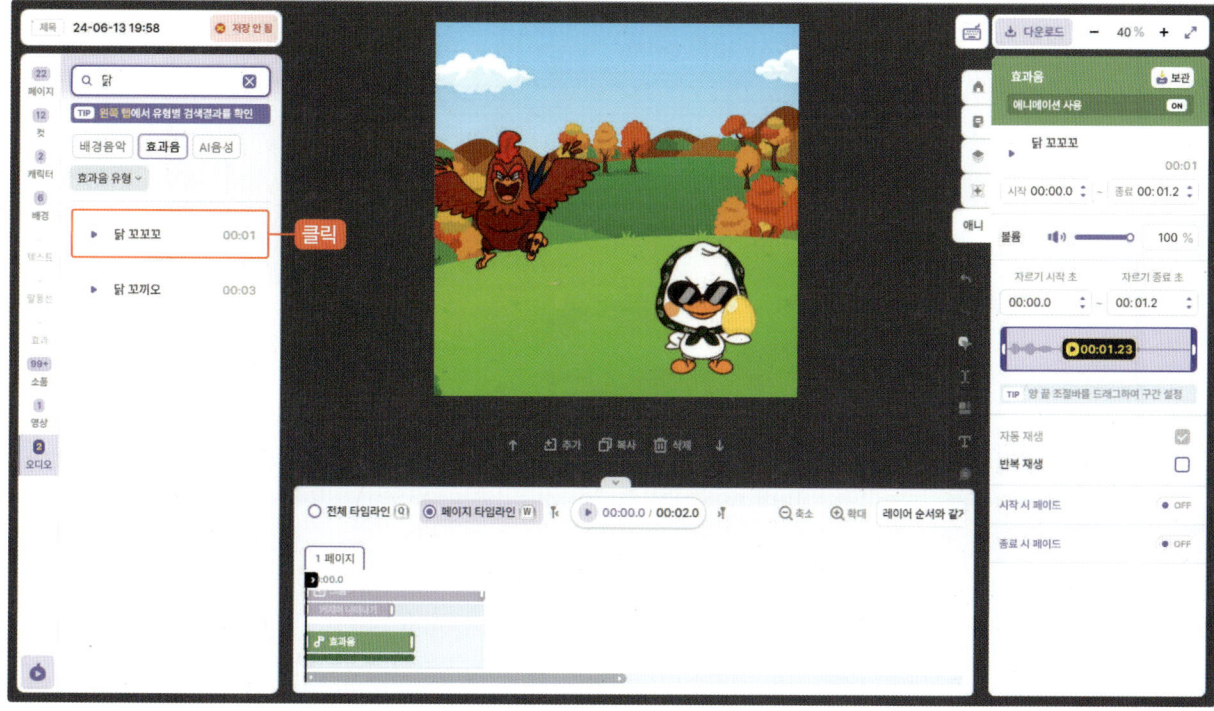

Chapter 20. 황금알은 오리껀데?! **171**

❸ [애니] 메뉴에서 조절바를 드래그해 사용할 효과음의 범위를 선택하고 [반복 재생]을 클릭합니다.

❹ 완성된 애니메이션과 효과음을 확인하기 위해 [재생(▶)]을 클릭합니다.

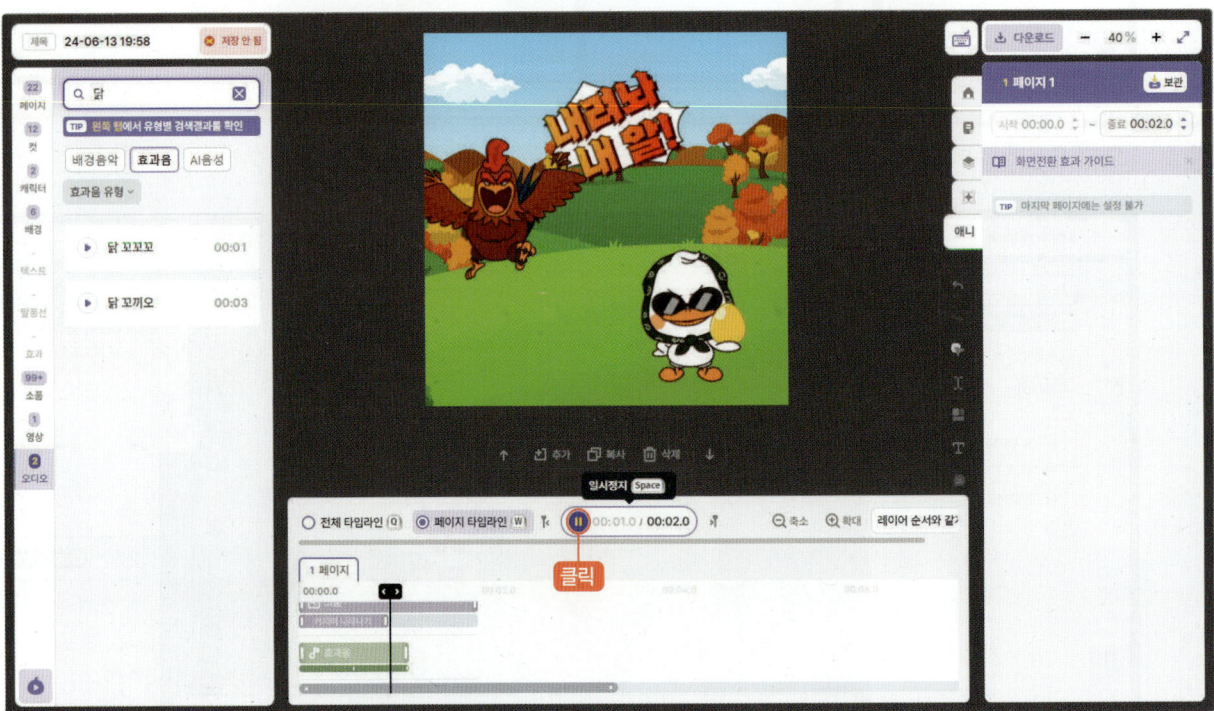

CHAPTER 20 재미 팡팡! 레벨 UP

▶ 완성 파일 : 20강 레벨업 완성-1.mp4, 20강 레벨업 완성-2.mp4

● 배경과 캐릭터, 텍스트를 추가한 다음 애니메이션을 지정하고 효과음을 추가해 보세요.

❗ 검색 키워드 : (배경)감옥,
(캐릭터)토끼, 고양이, 강아지,
(텍스트)탐정, (소품)돋보기

❗ 검색 키워드 : (배경)새해, (캐릭터)토끼, 용,
(텍스트)응원

Chapter 20. 황금알은 오리껀데?! **173**

CHAPTER 21 슬기로운 학교 생활

#애니메이션 #텍스트 #AI #AI음성

▶ 완성 파일 : 21강 완성.mp4

오늘의 학습목표

- 텍스트 애니메이션을 적용할 수 있습니다.
- AI음성으로 텍스트를 읽어줄 수 있습니다.
- AI음성의 읽는 속도와 음높이 등을 지정할 수 있습니다.

핵심 POINT

▶ 텍스트 애니메이션 추가 : [텍스트] 선택 → [애니] 메뉴 → [텍스트 애니메이션]의 [추가] 클릭 → 원하는 애니메이션 선택 후 [적용] 클릭

▶ AI음성 추가 : [애니] 메뉴 → [AI음성 적용]의 [추가] 클릭 → [재생(▶)] 클릭 → [타임라인에 추가] 클릭

▶ 속도와 음높이 변경 : [애니] 메뉴 → [읽는 속도]와 [음높이] 등을 지정 → [적용] 클릭

01 페이지 배경과 캐릭터 추가하기

애니메이션의 배경과 캐릭터를 추가해 봅니다.

 망고툰(https://toon.mangoboard.net)에 접속해 [로그인]한 후 [시작하기]를 클릭합니다.

② [배경] 메뉴에서 '학교'로 검색한 후 원하는 배경을 선택하고 [페이지 배경으로 사용]을 클릭합니다.

③ [지우기(✕)]를 클릭해 검색한 키워드를 지운 후 [캐릭터] 메뉴에서 '학생'으로 검색합니다.

④ 검색된 캐릭터 중 원하는 캐릭터를 추가합니다. [표정과 자세 변경]을 클릭해 캐릭터의 모양을 정해 놓습니다.

Chapter 21. 슬기로운 학교 생활 **175**

❺ [지우기(X)]를 클릭해 검색한 키워드를 지운 후 [텍스트] 메뉴의 [텍스트 추가]를 클릭합니다. "슬기로운 학교 생활"을 입력한 다음 텍스트를 회전합니다.

❻ 텍스트의 폰트와 크기, 텍스트 그림자, 텍스트 윤곽선 등을 지정해 꾸밉니다.

예제에서는 폰트(넥슨 메이플스토리 B), 텍스트 색상(#FFFFFF), 텍스트 그림자 색상(#012F7A), 텍스트 윤곽선 색상(#012F7A)을 사용했어요.

02 텍스트 애니메이션 설정하기

제목에 텍스트 애니메이션을 설정해 봅니다.

① 애니메이션을 만들기 위해 [애니메이션 설정()]을 클릭합니다.

② [텍스트]를 선택한 다음 [텍스트 애니메이션]의 [추가]를 클릭한 후 [비스듬히 솟는 텍스트]의 [적용]을 클릭합니다.

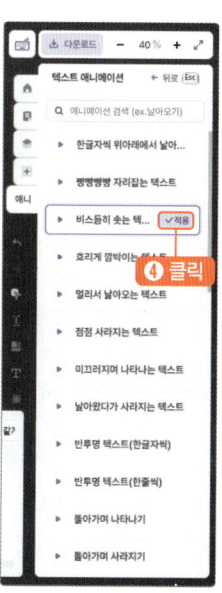

③ 텍스트에 적용된 애니메이션을 확인하기 위해 [재생(▶)]을 클릭합니다.

Chapter 21. 슬기로운 학교 생활   **177**

03 AI음성 적용하기

텍스트를 다양한 목소리로 읽어주는 AI음성을 적용해 봅니다.

 텍스트를 읽어주는 AI음성을 적용하기 위해 [애니] 메뉴에서 [AI음성 적용]의 [추가]를 클릭합니다.

텍스트를 선택하고 [AI음성 적용]의 [추가]를 클릭하면 선택한 텍스트를 읽어주는 목소리를 추가할 수 있어요.

② 텍스트를 읽어주는 목소리 목록이 나타나면 [재생(▶)]을 클릭해 목소리를 확인합니다.

❸ 목소리를 선택했으면 [타임라인에 추가]를 클릭합니다.

❹ [페이지 타임라인]에 목소리가 추가된 것을 확인하고 [재생(▶)]을 클릭해 페이지에 적용된 목소리를 확인합니다.

❺ 애니메이션과 AI의 속도 등을 맞추기 위해 [애니] 메뉴에서 [읽는 속도]와 [음높이] 등을 지정해 목소리를 바꾼 다음 [적용]을 클릭합니다.

❻ [재생(▶)]을 클릭해 텍스트를 읽어주는 속도와 음높이 등이 바뀐 완성된 페이지를 확인합니다.

CHAPTER 21 재미 팡팡! 레벨 UP

▶ 완성 파일 : 21강 레벨업 완성-1.mp4, 21강 레벨업 완성-2.mp4

● 다음과 같이 배경과 캐릭터를 추가한 다음 텍스트 애니메이션과 AI 음성을 추가해 보세요.

❗ 검색 키워드 : (배경)전기, (캐릭터)궁예, (소품)어좌

❗ 검색 키워드 : (소품)한옥, 구슬, 용, 전통, (효과)빛나는, (캐릭터)신선

Chapter 21. 슬기로운 학교 생활

어휴~ 깜짝 놀랐네...

#애니메이션 #재생 시간 #재생 순서

▶ 완성 파일 : 22강 완성.mp4

오늘의 학습목표

- 전체 애니메이션이 재생되는 시간을 바꿀 수 있습니다.
- 애니메이션이 재생되는 순서를 정할 수 있습니다.

핵심 POINT

▶ 애니메이션 재생 시간 설정 : [전체 타임라인] 클릭 → [끝나는 시점]으로 드래그
▶ 캐릭터 애니메이션 시작 시간 변경 : [페이지 타임라인] 클릭 → [캐릭터 애니메이션] 드래그

01 페이지 배경과 캐릭터 추가하기

애니메이션의 배경과 캐릭터를 추가해 봅니다.

① 망고툰(https://toon.mangoboard.net)에 접속해 [로그인]한 후 [시작하기]를 클릭합니다.

② [배경] 메뉴에서 '할로윈'으로 검색한 후 원하는 이미지를 선택하고 [페이지 배경으로 사용]을 클릭합니다. 그리고 [캐릭터] 메뉴에서 캐릭터를 선택한 후 캐릭터 두 개를 추가하고, [표정과 자세 변경]을 클릭하여 캐릭터의 모양을 정해 놓습니다.

③ [지우기(✕)]를 클릭해 검색한 키워드를 지운 후 [말풍선] 메뉴에서 '물음표'로 검색하고 원하는 말풍선 모양을 클릭해 추가합니다.

Chapter 22. 어휴~ 깜짝 놀랐네... **183**

02 애니메이션 재생 시간 설정하기

애니메이션의 전체 재생 시간을 설정해 봅니다.

① 애니메이션을 만들기 위해 [애니메이션 설정()]을 클릭합니다.

② [전체 타임라인]을 클릭한 다음 타임라인에서 끝나는 시점을 오른쪽으로 드래그해 늘려줍니다.

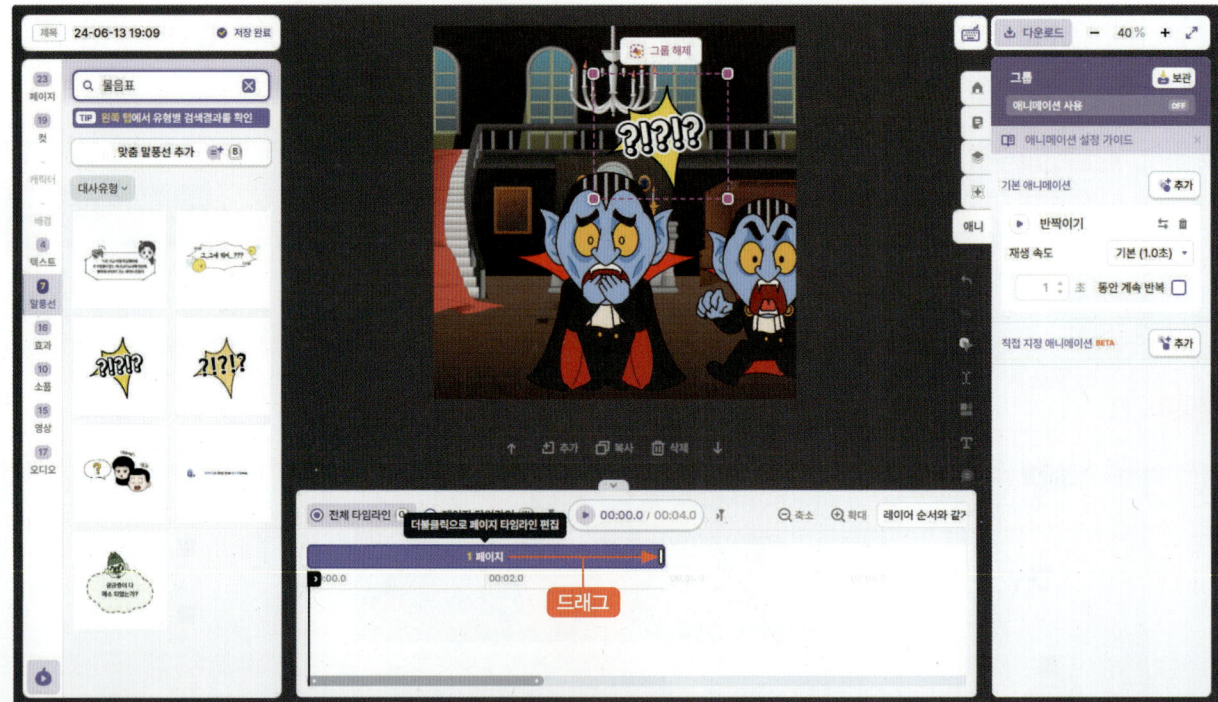

03 애니메이션 적용하기

캐릭터가 움직이는 애니메이션과 깜짝 놀라는 애니메이션을 적용해 봅니다.

① 화면 오른쪽에 있는 캐릭터를 선택한 다음 [애니] 메뉴에서 [캐릭터 애니메이션]의 [추가]를 클릭합니다.

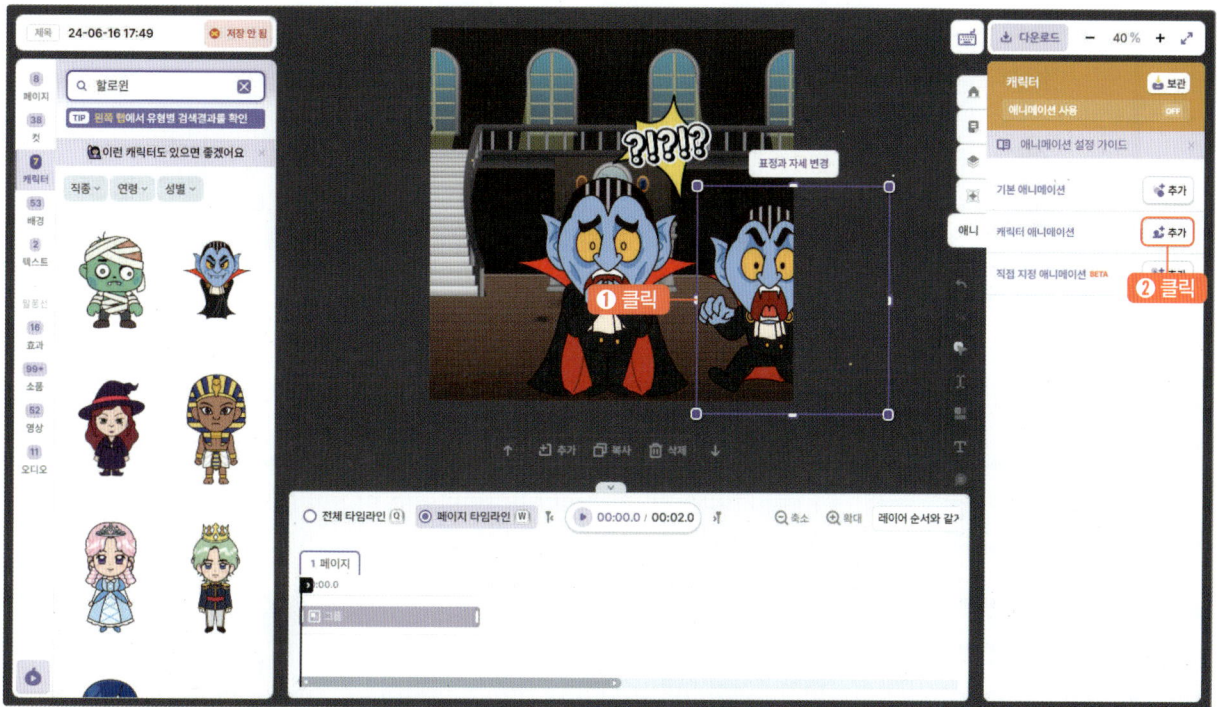

② [머리 애니메이션]에 [들썩거리기]를 적용하고, [몸 애니메이션]에 [양팔, 몸 흔들기]를 적용합니다.

Chapter 22. 어휴~ 깜짝 놀랐네... **185**

❸ [직접 지정 애니메이션]의 [추가]를 클릭한 다음 [위치 이동]을 클릭합니다.

❹ 오른쪽에서 왼쪽으로 이동하도록 이동할 위치를 입력합니다.

❺ 화면 왼쪽에 있는 캐릭터를 선택한 다음 [캐릭터 애니메이션]의 [추가]를 클릭합니다.

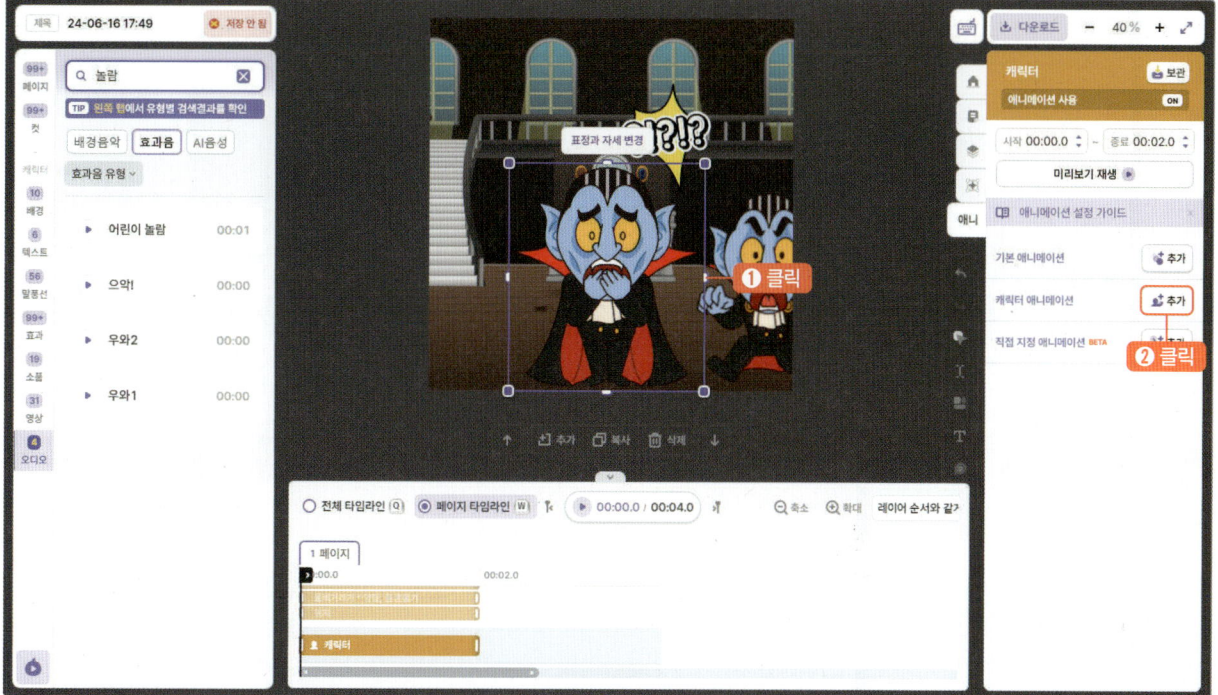

❻ [머리 애니메이션]에 [올라가서 멈칫하기]를 적용하고 [몸 애니메이션]에 [양팔, 몸 흔들기]를 적용합니다.

❼ 말풍선을 선택한 다음 [기본 애니메이션]의 [추가]를 클릭해 [반짝이기]를 적용합니다.

❽ [재생(▶)]을 클릭해 페이지에 적용된 애니메이션 효과를 확인합니다.

04 차례대로 애니메이션 실행하기

캐릭터마다 적용된 애니메이션을 차례대로 실행되도록 만들어 봅니다.

① 화면 왼쪽의 캐릭터를 선택한 다음 [페이지 타임라인]에서 레이어를 드래그해 애니메이션이 재생되는 시간을 바꿔줍니다.

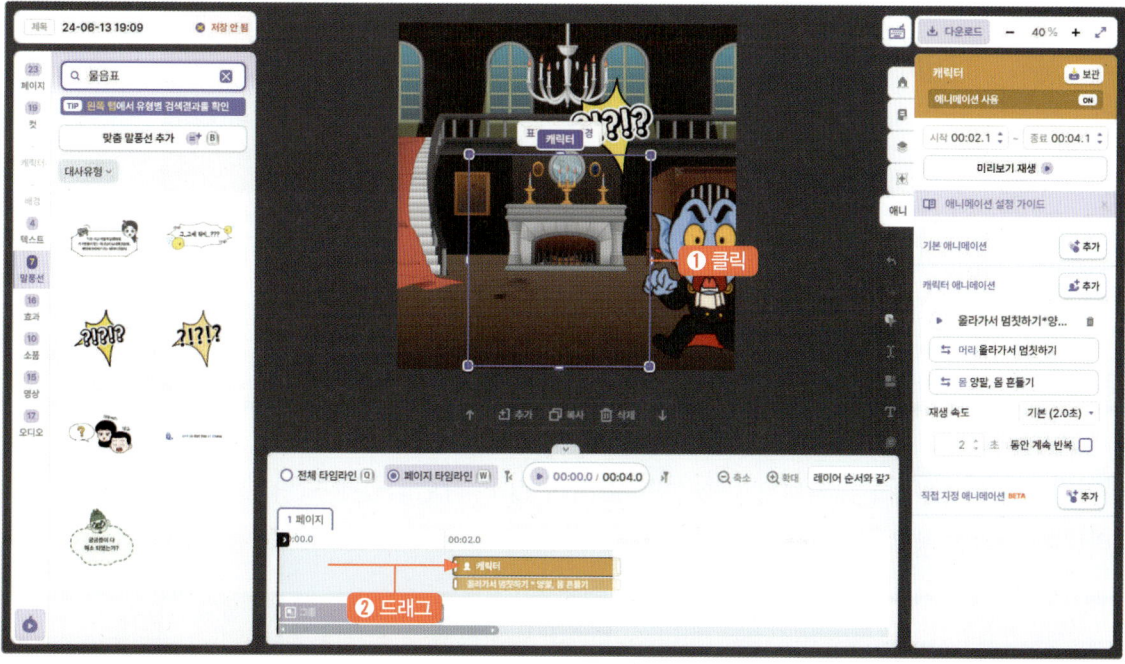

② 말풍선을 선택한 후 [페이지 타임라인]에서 레이어를 드래그해 애니메이션이 재생이 시작되는 시간을 바꿔줍니다.

Chapter 22. 어휴~ 깜짝 놀랐네... **189**

③ [재생(▶)]을 클릭해 페이지에 적용된 애니메이션 효과를 확인합니다.

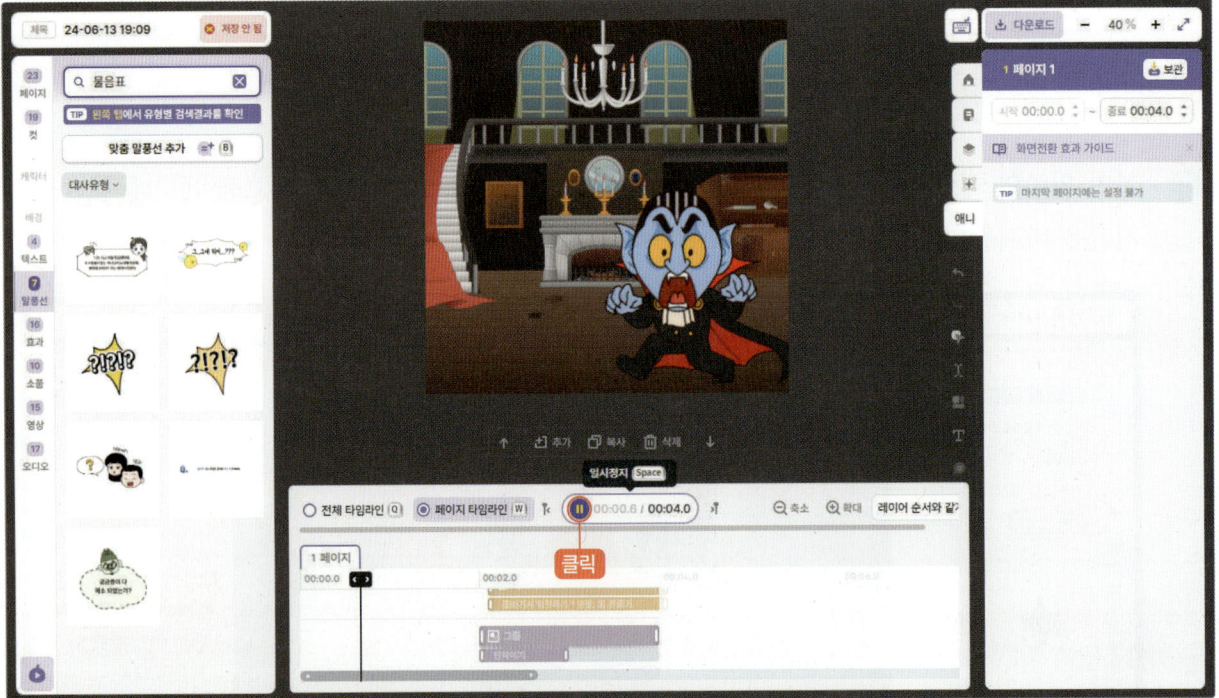

④ [페이지 타임라인]에서 캐릭터와 말풍선이 겹치지 않고 자연스럽게 나타날 수 있도록 각각의 요소가 나타나는 시간을 맞춰줍니다.

말풍선은 '2'초에 나타나고, 캐릭터는 '2.1'초에 나타나도록 만들어 보세요.

CHAPTER 22 재미 팡팡! 레벨 UP

▶ 완성 파일 : 22강 레벨업 완성-1.mp4, 22강 레벨업 완성-2.mp4

● 배경과 캐릭터를 추가한 다음 애니메이션 효과를 적용해 재미있게 만들어 보세요.

❗ 검색 키워드 : (배경)공포, (캐릭터)마술사, (효과)느낌표

❗ 검색 키워드 : (배경)유치원, (캐릭터)산타, 요정, 아이

CHAPTER 23 손오공의 분신술!!!

#애니메이션 #시작 시간 #종료 시간

오늘의 학습목표

▶ 완성 파일 : 23강 완성.mp4

- 애니메이션의 배경과 캐릭터를 삽입할 수 있습니다.
- 캐릭터에 애니메이션을 적용할 수 있습니다.
- 애니메이션 시작 시점과 끝나는 시점을 설정할 수 있습니다.

핵심 POINT

▶ 캐릭터 기본 애니메이션 삽입 : [애니] 메뉴 → [기본 애니메이션]의 [추가] → 원하는 애니메이션에서 [적용] 클릭

▶ 애니메이션의 끝나는 시점 변경 : [페이지 타임라인] → [페이지] 애니메이션 → 끝나는 시점 드래그

01 애니메이션 배경과 캐릭터 삽입하기

애니메이션의 배경과 캐릭터를 삽입해 봅니다.

① 망고툰(https://toon.mangoboard.net)에 접속해 [로그인]한 후 [시작하기]를 클릭합니다.

② [배경] 메뉴에서 '자연배경'으로 검색한 후 원하는 배경을 선택하고 [페이지 배경으로 사용]을 클릭합니다. [지우기()]를 클릭해 검색한 키워드를 지워줍니다.

③ [캐릭터] 메뉴에서 '손오공'으로 검색합니다. 캐릭터를 선택하고 [표정과 자세 변경]으로 캐릭터의 모양을 바꾼 다음 크기와 위치를 정해 놓습니다.

Chapter 23. 손오공의 분신술!!! **193**

④ 같은 방법으로 세 개의 캐릭터를 더 삽입한 다음 표정과 자세를 바꾸고 크기와 위치를 정해 놓습니다.

⑤ [지우기(X)]를 클릭해 검색한 키워드를 지운 후 [텍스트] 메뉴에서 원하는 제목을 선택해 삽입합니다. 삽입한 텍스트를 '손오공의 분신술'이라고 제목을 입력합니다.

02 애니메이션 적용하기

캐릭터가 차례대로 나타나 끝날 때까지 애니메이션을 반복하도록 설정해 봅니다.

❶ 애니메이션을 만들기 위해 [애니메이션 설정()]을 클릭합니다.

❷ [전체 타임라인]에서 끝나는 시점을 오른쪽으로 드래그해 늘려줍니다.

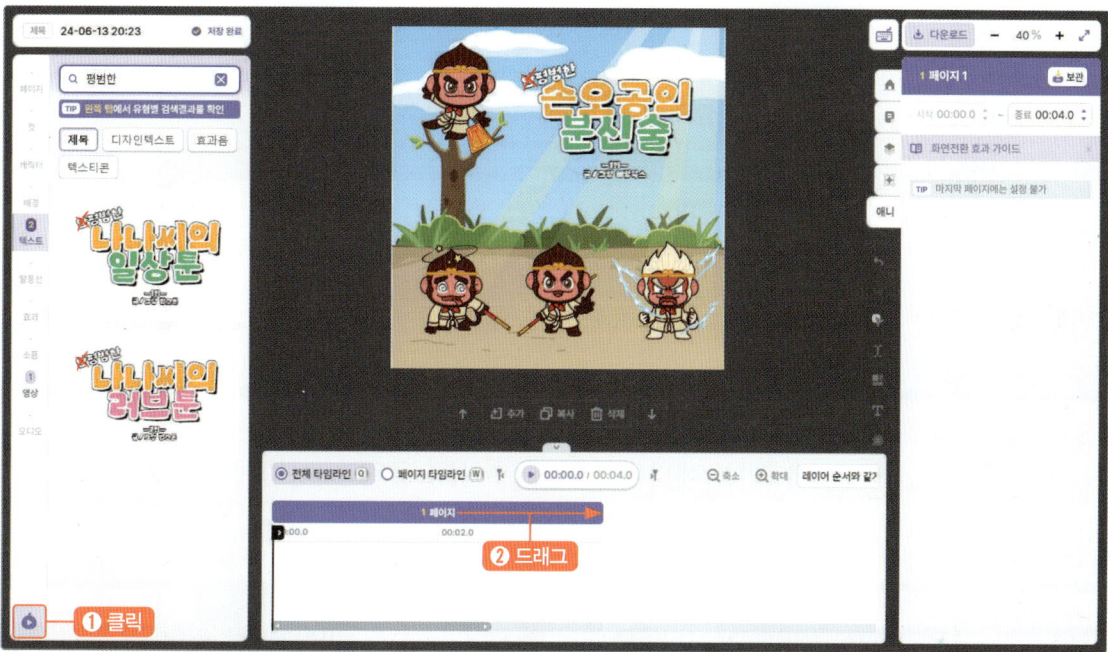

❸ 첫 번째 캐릭터를 선택한 다음 [캐릭터 애니메이션]의 [추가]를 클릭합니다. [머리 애니메이션]에 [위로 살짝 늘어나기]를 적용하고 [몸 애니메이션]에 [양팔, 몸 흔들기]를 적용합니다.

Chapter 23. 손오공의 분신술!!! **195**

❹ 두 번째 캐릭터를 선택한 다음 [기본 애니메이션]의 [추가]를 클릭해 [커지며 나타나기]를 적용합니다.

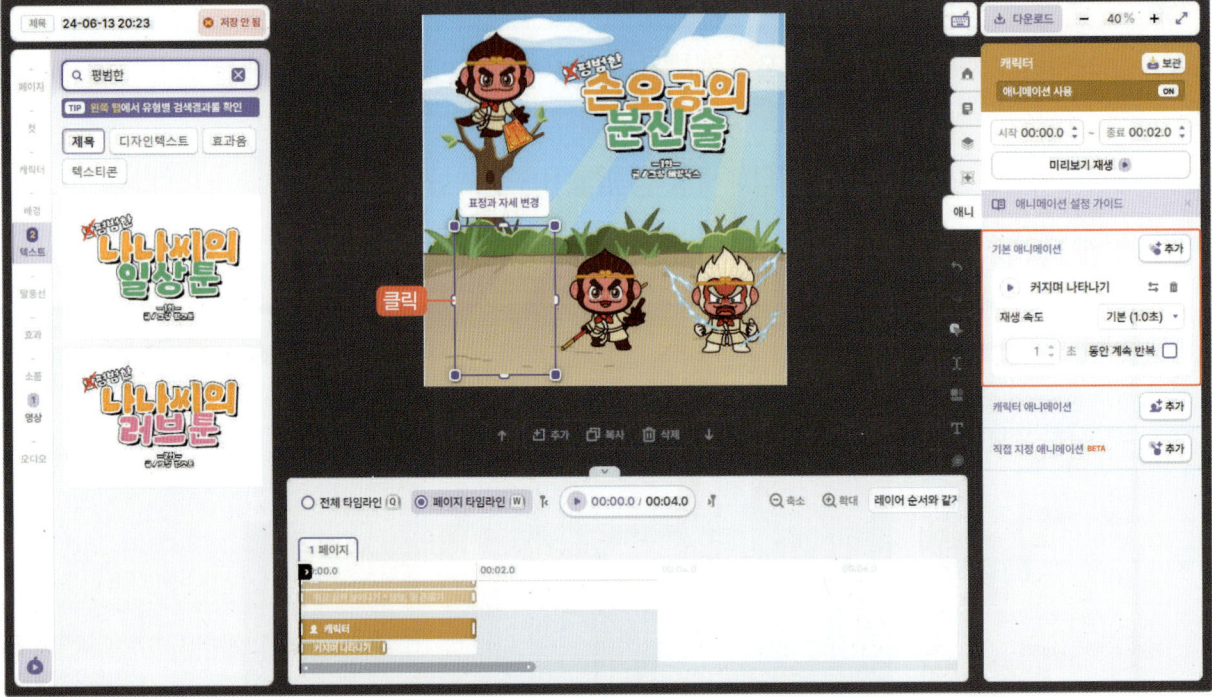

❺ 세 번째 캐릭터를 선택한 다음 [기본 애니메이션]의 [추가]를 클릭해 [아래에서 위로 나타나기]를 적용합니다.

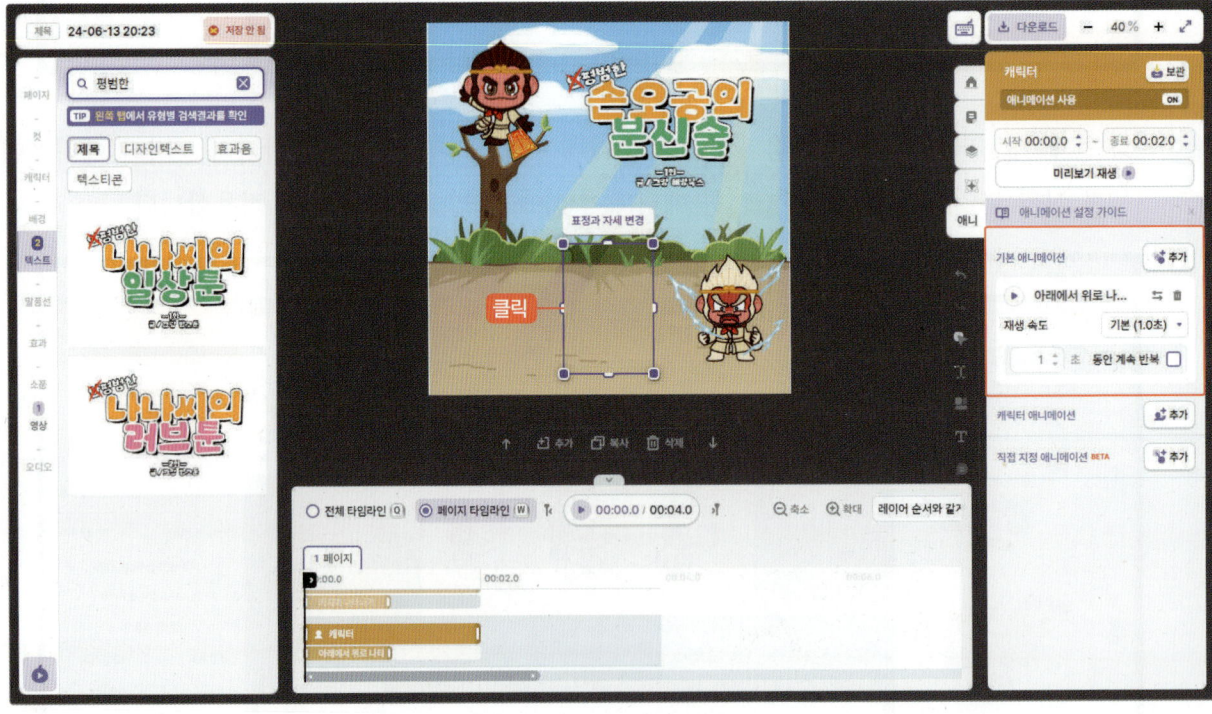

❻ 마지막 캐릭터를 선택한 다음 [기본 애니메이션]의 [추가]를 클릭해 [위에서 닦아내기]를 적용합니다.

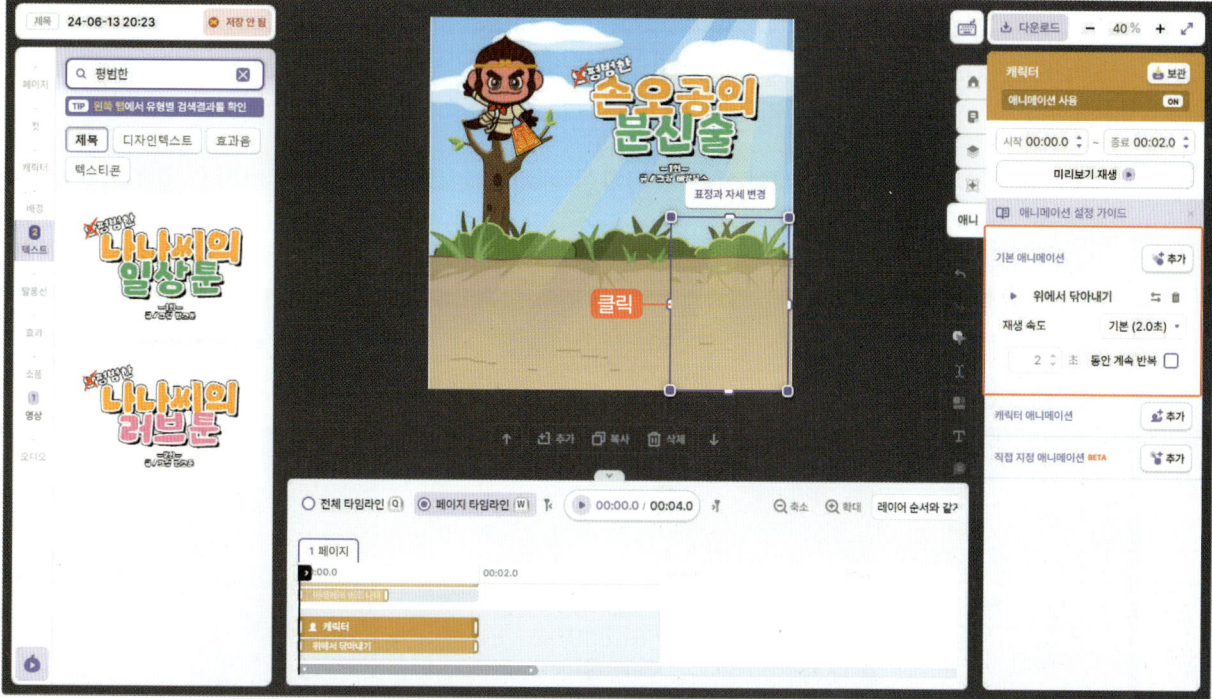

❼ 페이지에 적용된 애니메이션 효과를 확인하기 위해 [재생(▶)]을 클릭합니다.

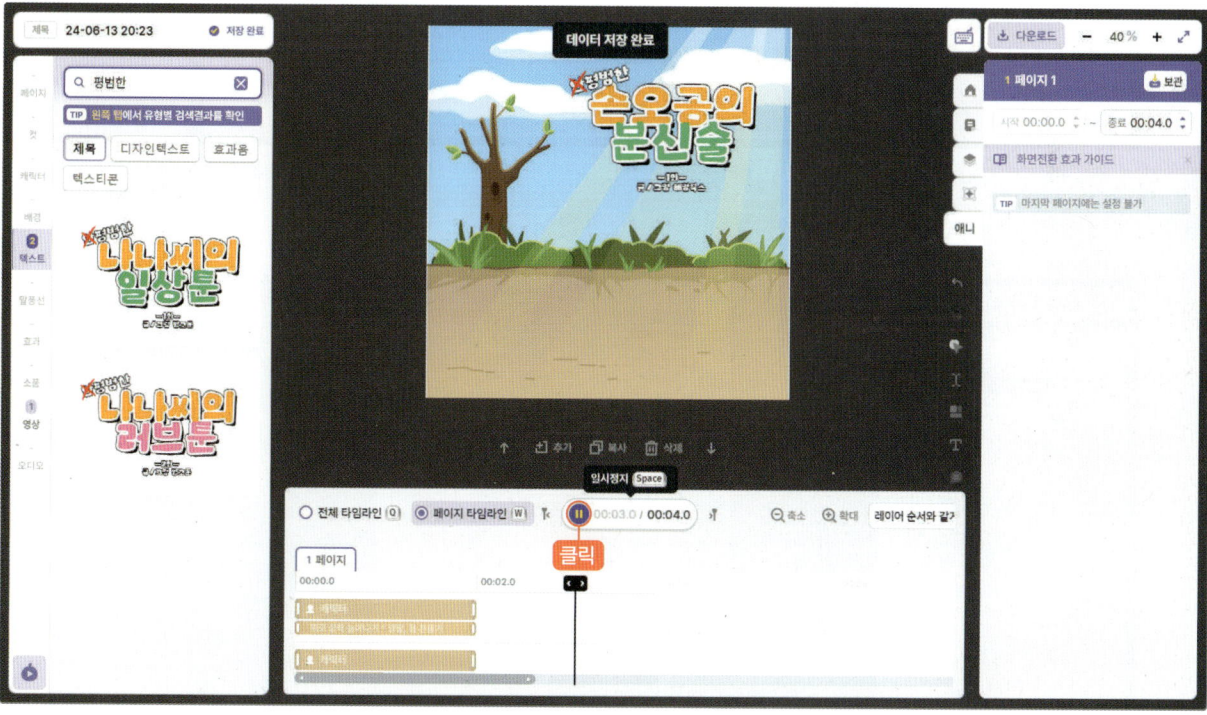

03 차례대로 나타내기

캐릭터가 차례대로 나타나 애니메이션이 끝날 때까지 반복하도록 설정해 봅니다.

① 첫 번째 캐릭터를 선택한 다음 [페이지 타임라인]에서 캐릭터가 사라지는 시점을 오른쪽으로 드래그해 늘려줍니다.

② 애니메이션이 끝나는 시점 또한 드래그해 늘려줍니다.

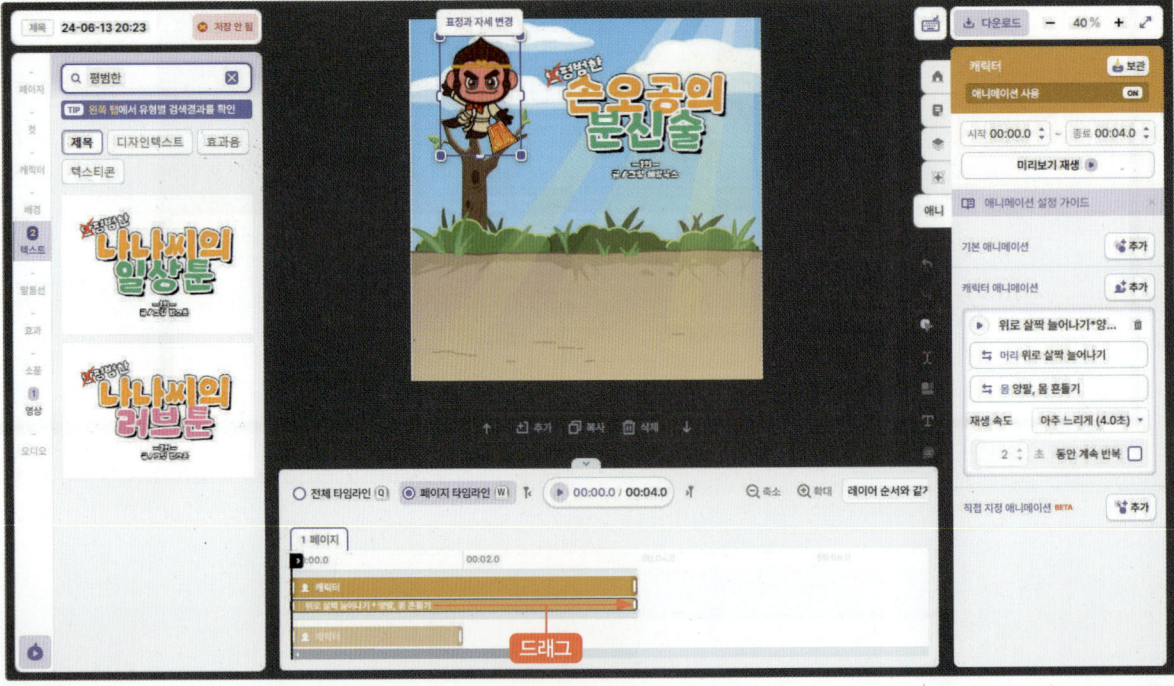

❸ [재생(▶)]을 클릭해 캐릭터가 사라지는 시점과 애니메이션이 멈추는 시점을 확인합니다.

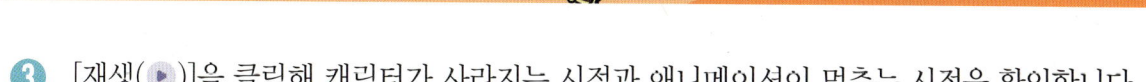

❹ 두 번째 캐릭터를 선택한 다음 [페이지 타임라인]에서 캐릭터가 나타나는 시점을 오른쪽으로 드래그해 바꿉니다.

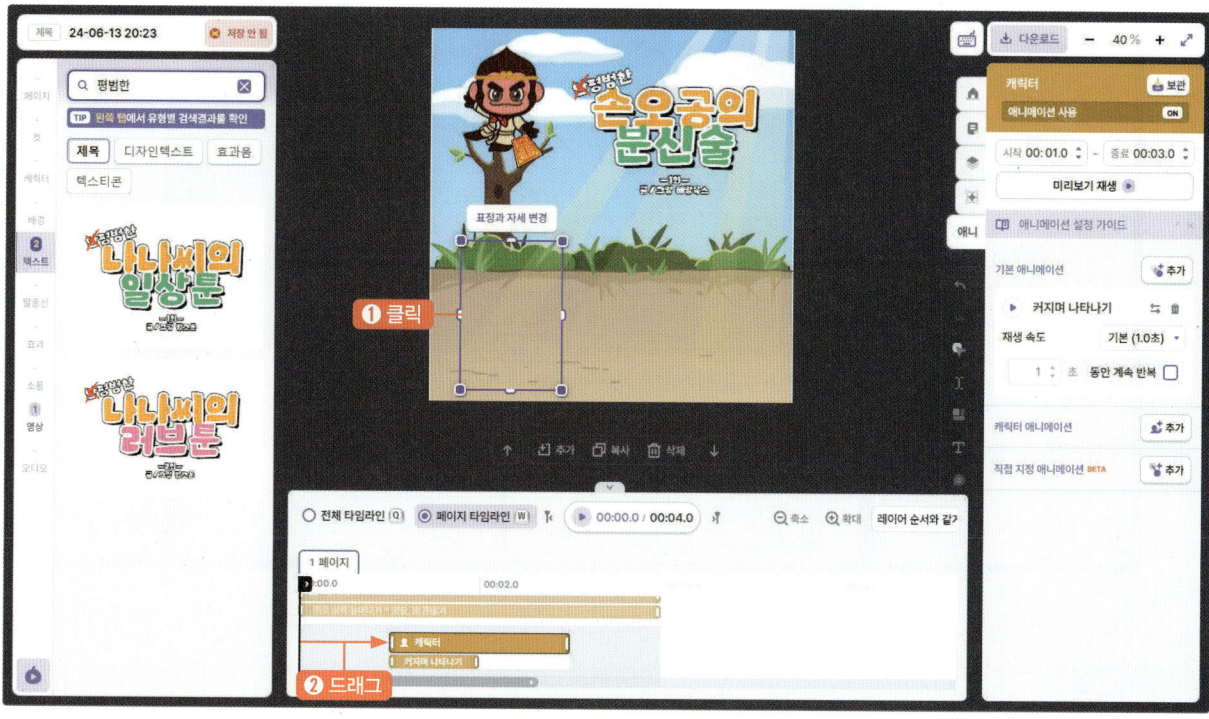

Chapter 23. 손오공의 분신술!!! **199**

⑤ 같은 방법으로 [페이지 타임라인]에서 다른 캐릭터가 나타나는 시점을 드래그해 바꿔줍니다.

⑥ [재생(▶)]을 클릭해 캐릭터가 차례대로 나타나는 것을 확인합니다.

CHAPTER 23 재미 팡팡! 레벨 UP

▶ 완성 파일 : 23강 레벨업 완성-1.gif, 23강 레벨업 완성-2.gif

● 배경과 캐릭터, 텍스트, 말풍선을 추가한 후 캐릭터와 말풍선이 차례대로 표시되도록 애니메이션을 만들어 보세요.

❗ 검색 키워드 : (배경)조선, (캐릭터)조선,
　　　　　　　(텍스트)폰트-정선아리랑,
　　　　　　　(말풍선)맞춤 말풍선

❗ 검색 키워드 : (배경)무대, (캐릭터)돼지,
　　　　　　　(텍스트)폰트-JTT 자린고비대감

Chapter 23. 손오공의 분신술!!! **201**

CHAPTER 24
나의 마음을 말할게...

#동영상 #투명동영상 #AI음성

▶ 완성 파일 : 24강 완성.mp4

오늘의 학습목표

- 작업 페이지에 동영상을 추가할 수 있습니다.
- 나만의 AI음성을 추가할 수 있습니다.

동영상

핵심 POINT

▶ 투명영상 삽입 : [영상] 메뉴 → [투명영상] 클릭 → 키워드로 검색 → 원하는 동영상 선택

▶ AI음성 추가 : [오디오] 메뉴 → [AI음성] 클릭 → [읽을 텍스트 입력]에 내용 입력 → [재생(▶)]을 클릭해 확인하기 → [타임라인에 추가] 클릭

01 페이지 배경과 캐릭터 삽입하기

배경과 캐릭터를 삽입해 동영상의 배경을 만들어 봅니다.

1. 망고툰(https://toon.mangoboard.net)에 접속해 [로그인]한 후 [시작하기]를 클릭합니다.

2. [배경] 메뉴에서 '기쁨'으로 검색한 후 원하는 배경을 선택하고 [페이지 배경으로 사용]을 클릭합니다. [지우기(X)]를 클릭해 검색 키워드를 삭제합니다.

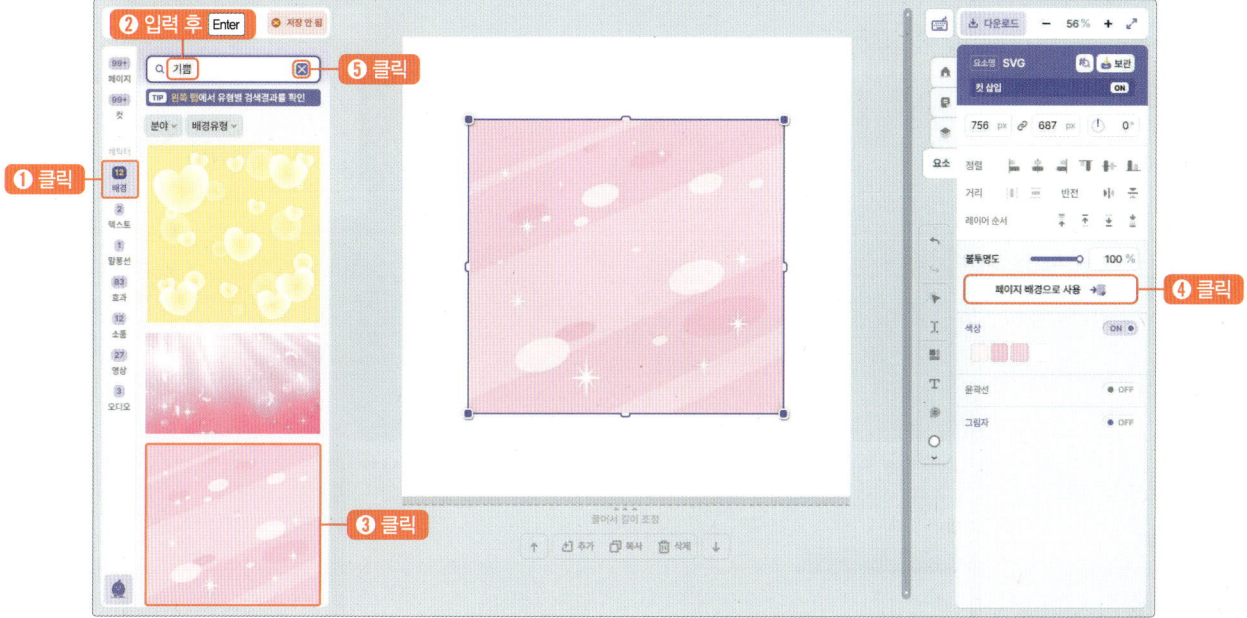

3. [캐릭터] 메뉴에서 캐릭터를 선택해 삽입한 후 [표정과 자세 변경]을 클릭해 캐릭터의 모양을 바꾸고 크기와 위치를 정해 놓습니다.

Chapter 24. 나의 마음을 말할게... **203**

02 동영상과 AI음성 삽입하기

동영상과 AI음성을 삽입해 영상을 꾸며 봅니다.

① 애니메이션을 만들기 위해 [애니메이션 설정()]을 클릭합니다.

② [영상] 메뉴에서 '별빛'으로 검색합니다. [투명영상]을 클릭한 다음 검색된 동영상에서 원하는 동영상을 클릭해 추가합니다.

③ 추가된 영상의 크기를 키워준 후 위치를 정해 놓습니다.

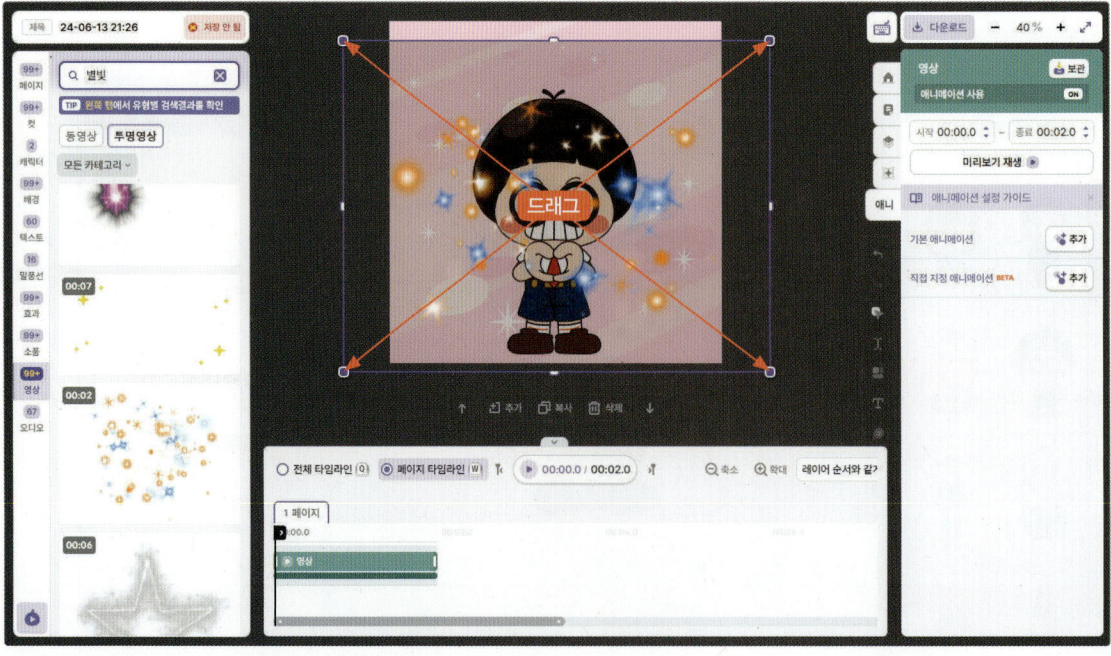

④ [영상] 메뉴에서 '감사'로 검색합니다. [투명영상]을 클릭한 다음 검색된 동영상에서 원하는 동영상을 클릭해 추가한 후 위치를 정합니다.

⑤ 추가한 동영상을 끊김 없이 모두 재생할 수 있도록 [전체 타임라인]에서 추가한 동영상의 끝나는 시점을 오른쪽으로 드래그합니다.

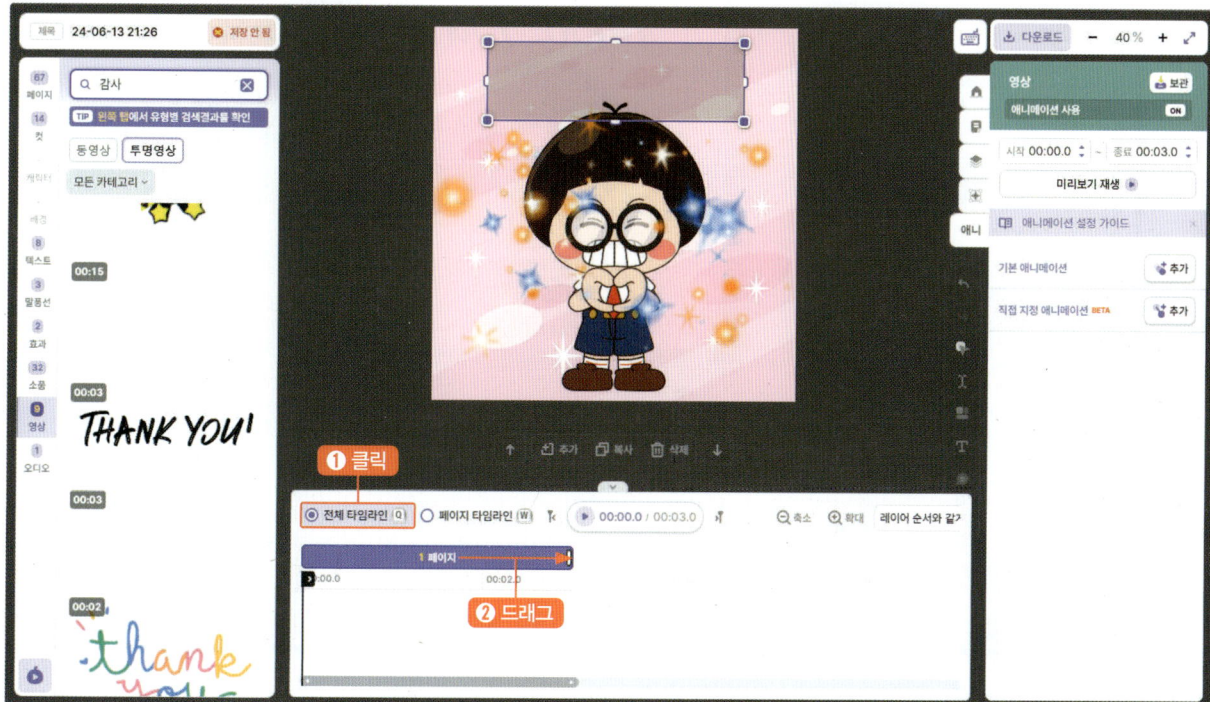

Chapter 24. 나의 마음을 말할게... **205**

❻ [페이지 타임라인]을 선택한 다음 '별빛' 동영상이 끝나는 시점과 '감사' 동영상이 끝나는 시점을 드래그해 늘려줍니다.

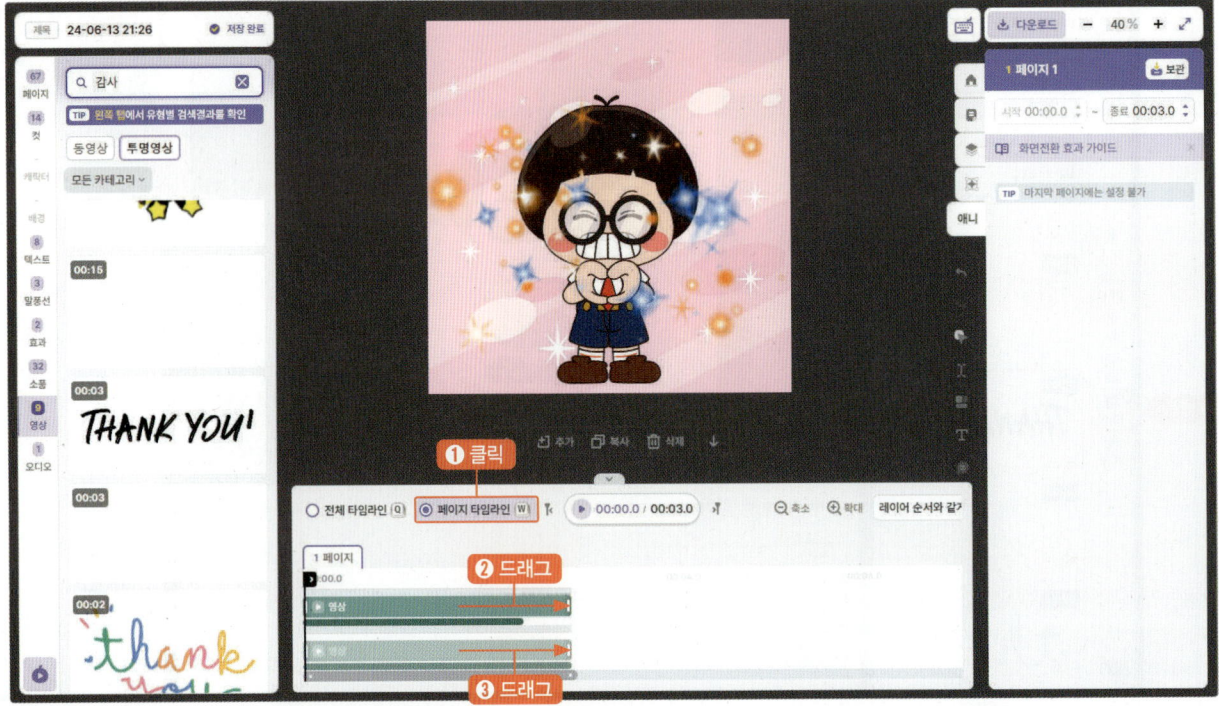

❼ [지우기(✖)]를 클릭해 검색 키워드를 지운 후 [오디오] 메뉴를 선택하고 [AI음성]을 클릭합니다.

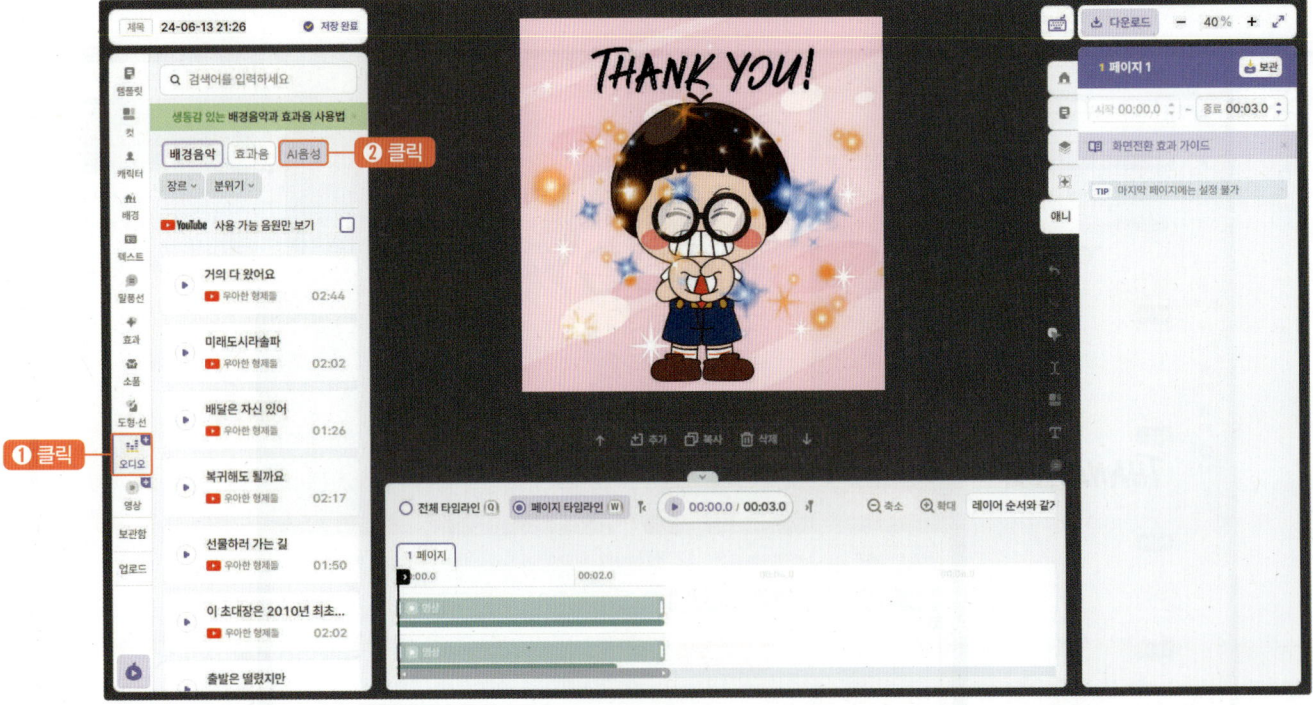

⑧ [읽을 텍스트 입력]에 "선생님 감사합니다"를 입력하고 [재생(▶)]을 클릭해 읽어주는 목소리를 확인합니다.

⑨ [타임라인에 추가]를 클릭하여 선택한 목소리를 동영상에 넣습니다.

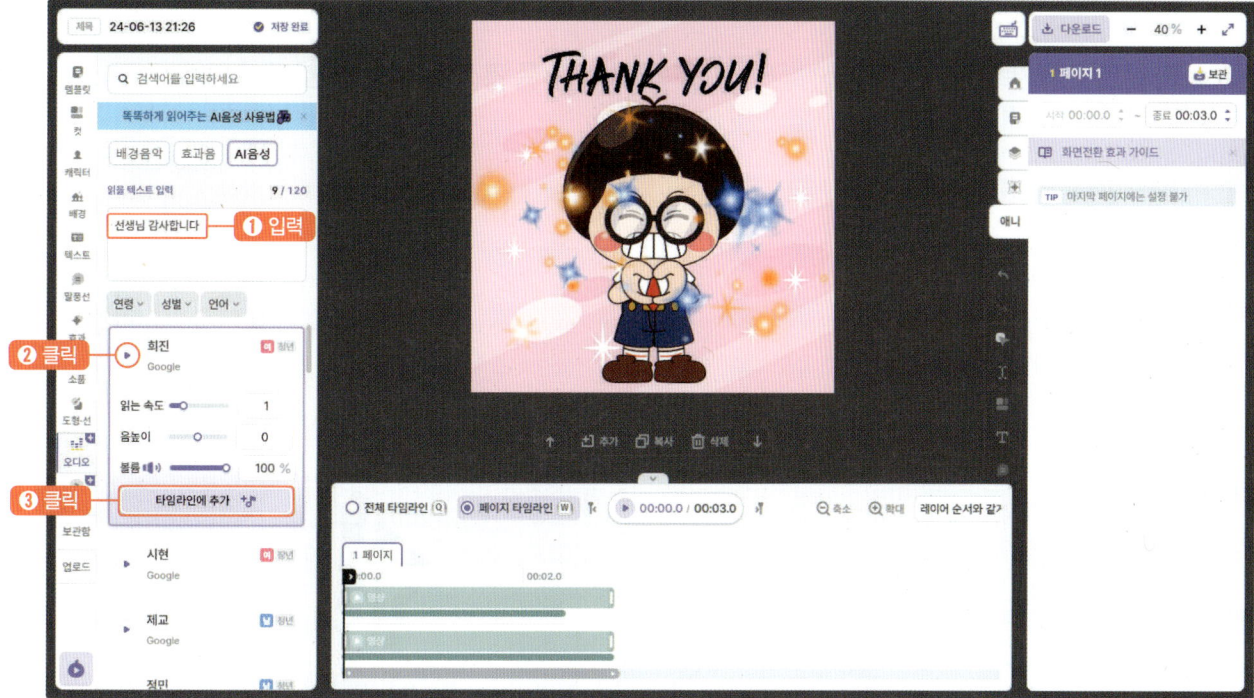

⑩ [재생(▶)]을 클릭해 [AI음성]이 멈추는 시점과 애니메이션이 멈추는 시점을 확인합니다.

Chapter 24. 나의 마음을 말할게... **207**

CHAPTER 24 재미 팡팡! 레벨 UP

▶ **완성 파일** : 24강 레벨업 완성-1.mp4, 24강 레벨업 완성-2.mp4

● 다음과 같이 텍스트와 동영상, AI음성 등을 추가해 동영상을 만들어 보세요.

❗ 검색 키워드 : (텍스트)삼일절,
(동영상)태극기,
(AI음성)대한독립만세

❗ 검색 키워드 : (캐릭터)좀비, (텍스트)좀비,
(동영상)해골,
(AI음성)무서운 공포 영화

memo

....
귀여움이 내 컨텐츠를 살린다!
카드뉴스·인스타툰·만화 포스터
망고툰으로 누구나!

Q. 망고보드와 망고툰은 무엇이 다른가요?

A. 망고보드는 상세페이지, PPT, 인포그래픽, 카드뉴스, 동영상 등을 만드는 디자인 템플릿 서비스이고 망고툰은 만화를 집중적으로 만들 수 있는 서비스예요!

Q. 망고툰에서는 무엇을 할 수 있나요?

A. 다양한 직업 및 동물 캐릭터와 고퀄리티 배경, 템플릿을 제공해요. 나만의 캐릭터 소스가 있다면 소품, 배경, 효과 등과 어우러지게 사용할 수 있어요!
애니메이션 제작 서비스로 누구나 짧고 재미있는 만화 영상을 만들 수 있어요!

망고TOON

전문가처럼 디자인하는 방법

포스터·동영상·PPT·SNS콘텐츠
망고보드로 누구나!

> 퀄리티 높은 템플릿으로 여유롭게!

> 클릭 몇 번으로 디자이너처럼!

> 시간이 엄청 절약된다!

> 저작권 걱정 이제 그만!

> 이미 많은 기관,기업에서 사용 중!

> AI로 재미있게!

저작권 걱정 없이, 디자인에서 인쇄까지-!

◇ **사용대상:** 시각 작업물을 만드시는 모든 분들!

◇ **사용방법:** 원하는 템플릿&요소 찾아 내용 쓱~ 바꾸고 폰트 바꾸고 다운로드하면 끝!

◇ **특별한점:** AI로 화질개선하고, 필요한 이미지 만들어 보세요. 팀룸으로 협업도 할 수 있어요!
한 번의 클릭으로 풍부한 동영상 효과를 사용하고 배경음악을 골라 넣어보세요!